JN442555

최상금강승명상

최상금강승명상
©김영로 Printed in Seoul, Korea
2026년 01월 15일 1쇄 발행

지은이 | 김영로
발행인 | 박찬우
편집인 | 우 현

펴낸곳 | 미륵선원 MAITREYA SANGHA
주소 | 서울특별시 신당동 404-1, 4층
등록번호 | 2015-000196
전화 | 02-333-8311
팩스 | 02-333-8326
메일 | adam3838@naver.com

책값 | 20,000원
ISBN 979-11-88807-08-6 (03110)

신나게 즐기며 행하는

최상금강승명상

목차

000 머리말 ★ 11
001 [행동규범] 자리+이타 ★ 12
002 The Four Clingings 네 가지 집착(끊기) ★ 13
003 어떻게 해야 제대로 사는지 보여주는 세 가지 수준의 죽음 ★ 14
004 기쁨을 갖고 살아가는 것이 여자의 가장 좋은 화장품이다 ★ 15
005 스트레스와 질병으로부터 해방 ★ 15
006 깨달음의 스승(구루)의 은밀한 가르침(구결)에 대한 명상 ★ 16
007 내가 많은 소망 갖고 괴로움과 치욕 견뎌 내자 나는 구결받아 아집 다스리게 됐으니, 이제 나 죽어도 여한 없네 ★ 17
008 질병의 기반은 아집 ★ 19
009 난 학자들의 용어로 수련하지 않았네, 모든 교리 체계는 지적인 달마니, 그건 번뇌를 중단시키는 데 별로 도움 안 되네 ★ 20
010 너무 많은 생각을 일으키지 말고, 본래의 싱싱함(의식)에 머물러라 ★ 20
011 번뇌. 태도와 감정, 예를 들어, 무지(치), 탐욕(탐), 분노(진), 오만(만), 질투(질), 착란 같은, 이들은 마음의 평화를 뒤흔들어놓으며, 남들에게 해로운 방식으로 행동하게 만든다 ★ 21
012 관상(상상)의 위력 ★ 21
013 안다는 관념으로부터의 해방 ★ 22
014 안다고 생각하는 것은 병이다. 먼저 그대가 환자라는 것을 깨달아라. 그러면 그대는 건강으로 옮겨갈 수 있다 ★ 23
015 양자역학의 세계 - 초월의 세계 ★ 24
016 범부의 길 / 붓다의 길 - 선택은 우리가 한다! ★ 25

017 나의 아버지, 꾼뚜쌍뽀, 일체 탁월한 보현불[본초불]은 견해와 명상으로 자신의 영양을 섭취하십니다. 제게는 (그가) 범부라는 모습(범부상)이 한 번도 일어난 적이 없습니다 ★ 26

018 청정한 견해의 중요성 ★ 26

019 참선자세 -결가부좌의 효과 → 청정하고 부드러운 에너지 ★ 27

020 심외무물(마음 밖에 아무것도 없음) - 일체가 마음 ★ 28

021 마음의 실재(공성) - 완전한 자유(해탈)의 비결: 마음이 아무것에도 머물지 않는 것 ★ 29

022 윤회로부터 벗어나는 비결-자기 자신의 본래 마음의 실재와의 만남 ★ 29

023 깨달음으로 이르는 네 가지 단계: 이해, 경험, 발현, 실증[용어학습] ★ 31

024 양면(이중)성의 지혜 - 통합적 세계관 ★ 32

025 명상 - 투쟁중단(놓아주기) 비우기 ★ 33

026 명상 - 비움 [지혜 공간 발생] → 창작 ★ 34

027 근본선(善): 세상에서 가장 신나는 소식 〈본성은 선해요 ★ 35

028 문제해결 비결: 문제를 보는 관점 바꾸기 ★ 36

029 교육에 대한 상반적-(부정적/긍정적) 접근 ★ 38

030 우린 더 많이 미소 지을 수 있다, 아무리 장애가 많아도 ★ 40

031 내버려두기 - 이완 비법 ★ 42

032 명상의 기본 : Just be with(단지 ~와 함께 있으라) ★ 43

033 명상할 때 호흡에 집중하는 이유 - 생각을 평가하지 못하게 하는 수단 ★ 44

034 자연스럽게 여기 있으면 - 분개와 사로잡힘이 줄고 안락해진다 ★ 46

035 기만하는 전문가가 되지 않는 법 - 문제를 감추지 않기 ★ 47

036 문제는 이집(이원적 집착), 해답은 초월 ★ 48

037 생사초월의 기쁨 ★ 49

038 이웃의 고통을 외면할 수 없으니 - 그들을 돕는 게 나를 돕는 길이네 ★ 50

039 존재전체(우주)가 아픈데 - 누가 아프지 않겠는가? 〈자비심 ★ 51

040 완전한 우정, 일체포용하는 (하나 됨의 우정), 자애 ★ 53
041 진정한 이해를 가져오는 것 - 하나 되는 것(합일) ★ 54
042 좋은 태도 기르는 방법 ★ 55
043 명상 - 비움 - 창작 공간(터전) 제공 ★ 56
044 더 큰 비전, 자비심을 키우기 위한 명상 ★ 58
045 누가 더 나은 스승인가? - 많이 아는 스승 / 실천하는 스승 ★ 60
046 모든 공부나 수행의 출발은 모방 ★ 61
047 겸손[자기 낮추기] - 비움(지혜의 공간 만들기) ★ 62
048 명상 → 의식 팽창과 정화 ★ 63
049 유머[여유]의 중요성 ★ 64
050 무교육의 교육적[역설적,해학적 표현] 가치 - 단순성의 지혜 ★ 64
051 샤마타[평화] → 단순성(단일성) ★ 65
052 단순한 명상이 가져오는 놀라운 변화 ★ 66
053 가장 빠른 길은 목적지[결과]에서 출발[시작]하는 것[해학적 표현] ★ 67
054 붓다, 성인처럼 세상 바라보기 성인의 세계관(sacred outlook) ★ 68
055 대치법 - 지혜의 치료법 ★ 70
056 상대를 친구로 만드는 법 ★ 70
057 진정한 보살도 ★ 71
058 수용하면 결함도 깨달음의 도가 된다! ★ 72
059 명상은 즉각적인 기회를 제공한다 - 문제해결을 위한 ★ 73
060 크게 보면, 모든 게 축제의 일부 ★ 73
061 웃으면 지혜의 공간(여유)이 생겨요! ★ 75
062 명상의 양면성 - 여기 있으면서 놓아주는 것 ★ 76
063 명상은 초월 ★ 77
064 비존재(공성)의 축복 - 엄청남[무한] ★ 77
065 상반(이원)적인 것의 공존 ★ 78
066 수용만하고 관여하지 않으면 → 하나 됨! ★ 79

067 수행자 최대의 과제 - 공의 실현! 공(空)에 대한 분석명상(析空觀) ★ 80
068 완전한 안락으로 가는 길 - 통합 ★ 81
069 자기성취 점검자료 - 최선의 깨달음의 도의 요소들 ★ 82
070 최선의 정진은 무위다! ★ 84
071 공성 - 엄청난(무한한) 지혜의 공간 ★ 84
072 지혜의 공간 만들기-경험 버리기 〈마음 비우기 ★ 85
073 자비의 터전 - 공성 ★ 86
074 문제해결의 첫 단계 - 조사 ★ 87
075 속제 → 진제 ★ 87
076 공포(마음의 안정 상실) → 공황장애 ★ 90
077 삼세(과거-현재-미래)의 동일성 → 죽음의 공포로부터 해방 ★ 91
078 달마의 핵심 - 귀하게 여기기와 실천하기 ★ 92
079 지혜의 작용 - 일체의 본성은 공성임을 파악하는 것! ★ 93
080 세 가지 감로수 명상 ★ 94
081 자기 세계의 주인은 자기 자신 - 주인노릇의 중요성 ★ 95
082 명상의 목적 - 실재(공성)에 대한 기억, 알아차림을 증가시키는 것 ★ 97
083 이원적인[소승의] 알아차림 / 통합적인[대승의] 앎(각성) ★ 98
084 방일에서 불방일로 나아간 사람들 ★ 100
085 본래대로 여기 있기 - 본래의 안락 즐기기 ★ 101
086 도착지(결과)에서 출발(시작)하기 - 금강승의 길(해학적) 웃어요, 신나게 하하 호호! ★ 102
087 사랑하는 사람 말고, 사랑 자체가 되라! - 사랑 자체가 되는 사람에겐 사랑의 기쁨만 있을 뿐, 이별의 아픔 같은 건 없을 것이다 ★ 103
088 명상은 (통합적인) 경험과정이지, (이원적인) 배움의 과정이 아니다 ★ 104
089 가장 빨리 건강을 회복하는 비결- 생명의 본성은 건강이라는 인식개발 ★ 105
090 건강의 필수조건 ★ 106
091 운동은 생명 에너지를 활발하게 만든다 ★ 108

092 모든 붓다들을 대표하는 - 3대 보물 ★ 109
093 세상에서 가장 방대하고 안락한 쉼터 ★ 110
094 걸림 없는 지혜 터전 - 공성 ★ 110
095 타종교에 대한 수행자의 바른 태도 ★ 111
096 진실(실재)과 거짓(비실재)의 차이 - 엄청남(무한) ★ 112
097 당신의 마음속엔 어떤 독이 들어있는지 조사해보세요 ★ 112
098 영원한 젊음의 비결 - 심오한 깨달음의 지혜 ★ 114
099 수희찬탄 공덕 ★ 115
100 칠지기도(Prayer of seven limbs) ★ 115
101 기뻐해야 할 것과 하지 말아야 할 것 ★ 117
102 마음만으로 공덕 짓는 법 ★ 117
103 진정한 독립 - 관념으로부터 독립 ★ 118
104 공허감(허전함)에 대한 처방 ★ 118
105 두려움으로부터 보호해주기 - (무외시)의 중요성 ★ 119
106 건조한, 지적인 [간접적, 이원적] 지식을 유기적 (생생한) [직접적, 통합적] 통찰의 체험으로 전환하라 ★ 119
107 죽음과 출생(환생) - 생각 - 순간의 차이 ★ 120
108 공성에 대한 형이상 - 형이하학적 [수직적] 접근법 ★ 121
109 양자역학이 보여주는 것 - 우주가 하나라는 것 ★ 122
110 우리들의 정체 - 오대(물질) - 오불(붓다) ★ 123
111 수행자의 자족한 삶 / 범부의 불만족한 삶 ★ 125
112 해탈로 이르는 길: 무(집)착(자생/(자멸/자탈) ★ 126
113 지혜의 작용 - 일체의 본성은 공성임을 파악하는 것 ★ 127
114 불교 최상의 지혜, 공성(空性) 명상의 핵심 ★ 127
115 청정한 지혜의 치료법, 대치법 ★ 128
116 지혜는 자신의 죽음까지도 이타행으로 만든다! ★ 129
117 진실은 존재와 행복의 기반! ★ 130

118 최상의 지혜 - 양변(통합, 하나임)의 지혜 ★ 131
119 무아를 통한 양면성(이중성)의 지혜 ★ 132
120 모든 것을 최상으로 체험하는 지혜 ★ 133
121 본래공 -본래청정 ★ 134
122 인생의 목적은 전체와 하나임(통합)의 행복성취! ★ 135
123 마음밖엔 아무것도 없다(심외무물) ★ 136
124 세 가지 명상 놓아주기 ★ 136
125 적정 → 무위 - 이완 ★ 137
126 공성에 대한 분석명상(석공관_析空觀) ★ 138
127 그릇된 번역(오역)의 근원 ★ 140
128 Tantric lifestyle 딴뜨라의 생활방식: 모두 함께 가장 행복하게 사는 법 ★ 142
129 Sex-새 생명과 붓다의 탄생으로 인도하는 매우 성스러운 행위 ★ 142
130 도전을 진정시키는 부드러운 지혜의 에너지 - 대치법 ★ 144
131 네 가지 애착 (끊기) ★ 145
132 자기 자신과 자기 내면의 붓다가 하나라는 인식 ★ 145
133 분노 - (알고 보면) 엄청난 에너지 자원 ★ 146
134 바즈라요기니 - 최상의 여성 붓다 ★ 148
135 구전법맥 기도 (참고자료) ★ 149
136 성스러운 여성의 성스러운 에너지와 공간 ★ 150
137 Sex energy의 중요성 ★ 150
138 두 보리심 - 세상에서 가장 큰 마음 ★ 151
139 붓다의 남녀 교합상이 상징하는 것 ★ 151
140 지옥에 다시 태어나는 것을 막는 - 막강한 만뜨라 ★ 153
141 질병에 대한 공성 명상 ★ 153
142 질병수행의 경우에, 자공은 질병 자체의 본성(공성)에 대해 수행하고, 타공은 "내가 질병을 앓고 있다"는 생각(관념)의 공성에 대해 명상한다 ★ 154
143 지성(이원적)의 길- 감성(통합적)의 길 ★ 155

144 소리 에너지의 섬세한 정도 ★ 155

145 의도적인 노력을 초월한 무(無)명상(무수습) ★ 156

146 생각(관념) → 윤회 /무념 → 해탈 ★ 157

147 생각(관념)에 대한 분석 명상 ★ 157

148 고통을, 악업이 익는 것을 공유하는 친구로 관상하라 ★ 160

149 영원한 젊음의 비결 - 낙공불이의 지혜 ★ 161

150 희망이 머무는 곳은 현재가 아닌 미래 ★ 162

151 건강비결 - 생명의 본성은 건강이라는 인식 개발 ★ 163

152 비난 수용 + 독 제거 = 약 ★ 164

153 겸손(로종) ★ 165

154 까담빠 스승들의 가르침 ★ 168

155 실제 안거의 의미 ★ 169

156 모든 기준점을 버려야 하는 이유 ★ 170

157 이것이 청정한 수행자의 길이다! ★ 171

158 The Four Clingings 네 가지 애착(끊기) ★ 173

159 공성의 지혜가 주는 엄청난 위안 ★ 176

160 (안목) 키우기 수행 ★ 178

161 마음의 유연성(여유-지혜의 공간) ★ 179

162 공성에 대한 이해 정도 ★ 180

163 세 가지 번뇌 제거 방법 - 3가지 문제 해결법 ★ 181

164 삼승: 세 단계 수행자들이 두려워하는 것 ★ 183

165 불교의 가장 심오한 진실 공성에 대한 제1대 달라이 라마의 가르침 ★ 186

166 무지의 고통에서 벗어나기 위한 매우 중요한 분석명상 ★ 190

167 출리심[출발점] → 번뇌행 감소 → 무위 → 붓다 ★ 191

부록 내가 달통한 방법 ; 수월 스님의 고백 ★ 192

머리말

살아서는 건강하고 행복하고,

죽어서는 삼악도(지옥계, 축생계, 아귀계)로

떨어지지 않는 것 -

이것이 행복한 삶과 죽음의 길이다.

이 귀한 가르침 만난 행운으로

애독자 모두 무한한 지혜와 사랑(자비)의

축복 속에 머무소서!

001 [행동규범] **자리+이타**

지혜로운 사람, 수행자의 모든 행위는 자기 자신에게도 유익하고 타인들에게도 유익해야 한다.

(명심) Selfish(이기적인) 행위는 foolish (어리석은) 것이므로 남들에게는 물론 자기 자신에게도 불이익을 준다.

지혜는 자신의 죽음까지도
이타행으로 만든다!

행복하든 불행하든, 건강하든 건강하지 않든, 우리는 뭐든 우리가 경험하는 것을 이용하여 다른 중생들을 이롭게 해야 한다. 우리가 죽어가고 있더라도 우리는 죽음에 대한 우리의 경험을 모든 중생들에게 유익하게 만들어야 한다.

- 라마 조빠 린뽀체 *Lama Zopa Rinpoche*

* * *

남들에게 유익한 행동을 실제로 하지 않더라도,
남들에게 유익하고 싶다고 소망하는 것만으로도
우린 허공처럼 방대한 공덕 쌓을 수 있네. - 샨띠데와 *Shantideva*

002 The Four Clingings 네 가지 집착(끊기)

Love for this life does not make one a
practitioner.
Love for this world is no renunciation.
Love for one's selfish interests does not
make one a bodhisattva.
Grasping to a real "me," is no correct view.

이생을 사랑하는 사람은 수행자가 아니네.
이 세상을 사랑하면 출리심이 아니네.
자신의 이기적인 이익을 사랑하는 사람은 보살
[보리심]이 아니네.
"나"가 있다고 집착하는 것(我執아집)은 정견이
아니네.

003 어떻게 해야 제대로 사는지 보여주는 세 가지 수준의 죽음: 금강승 가르침

첫째, 외적인 죽음. 이것은 사고나 질병으로 일찍 죽거나, 무의미하거나 헛되이 삶으로써 서서히 죽어가는, 성공하지 못한 삶에 의한 죽음을 가리킨다. 이에 대한 해결책은 언제나 깨어있는 삶을 통해 사고나 질병을 예방하여, 의미 있고 보람 있게, 성공적으로 살아가도록 최선을 다하는 것이다.

둘째, 내적인 죽음. 이것은 번뇌(혹은 미혹) 때문에 자신의 본성에 충실하게 살아가지 못하는 것을 지칭한다. 예를 들어, 탐욕(탐)에 갇혀있는 사람들은 탐욕에서 벗어난 사람들이 누리는 아름다움과 기쁨을 맛보지 못하니 이런 면에서 그들은 죽은 거나 다름없다. 또한 화(진)를 잘 내는 분들은 참된 사랑의 축복을 경험하지 못한다. 그리고 무지(치)한 사람들은 밝은 지혜를 성취한 분들이 누리는 한없는 자유와 희열을 모른다. 모든 고통의 근원인 미혹(무명)을 제거함으로써 우리는 이런 내적인 죽음 대신에 모든 경험에서 최상의 기쁨을 누릴 수 있다.

셋째, 은밀한 죽음. 이것은 자기 자신의 불성(佛性), 마음의 본래의 지혜와 몸의 본래의 큰 안락(대락)을 모르는 것을 가리킨다.

이런 관점에서 보면 대부분의 사람들은 이미 죽은 거나 다름없다. 행운아들만이 만날 수 있는, 참으로 귀한 이 가르침 덕분에 우리는 무의미한 일에 소중한 인생을 낭비하지 않고 가장 성공적인 삶을 통해 최상의 행복을 누릴 수 있다.

004 Taking joy in living is a woman's best cosmetic - *Rosalind Russell*

기쁨[지혜와 사랑의 광명]을 갖고 살아가는 것이 여자의 가장 좋은 화장품이다 - 로살린드 러슬

005 스트레스와 질병으로부터 해방

스트레스를 안 받는 법을 배워라-
그래야 치매 같은 질병들과 기타
수많은 슬픈 질환들부터 해방될 수 있다.

006 깨달음의 스승(구루)의 은밀한 가르침(구결)에 대한 명상

When meditating on the whispered lineage
instructions,
To have many dharma explanations is false.
This kind of study is of little use.

구루가 은밀하게 가르쳐주는 법맥 가르침
에 대해 명상할 때 많이 달마를 설명하는 것은
잘못이다. 이런 종류의 공부는 번뇌를 다스리는
데에 별로 도움이 안 되기 때문이다.

(명심) 구결은 이원적인 설명(분별)의
대상이 아니라, 통합적인 직관의 대상이다.

Because of my many wishes,
Having endured suffering and a bad
reputation,
I received the instructions for controlling
self-grasping.
Now, if I die, I have no regrets.

– *Geshe Chekhawa*

007 내가 많은 소망[보리심] 갖고 괴로움과 치욕 견뎌 내자 나는 구결 받아 아집 다스리게 됐으니, 이제 나 죽어도 여한 없네 - 게세 쩨카와

The best instruction is always to watch the mind.
최선의 구결은 언제나 마음을 지켜보라는 것이다.

By cherishing seeing the instructions as nectar, decisive understanding arises. Never stop cherishing them, and you will be powerless to avoid understanding the meaning. All are blind. To take off our blinders we must first look! Having looked, we must see! Having seen, we must understand! Having understood, we must practice! And we must bring that practice to completion! - Dampa

구결을 감로수로 귀하게 여겨야 결정적인 이해가 일어난다. 한 번이라도 이들을 귀하게 여기는 것을 멈추지 마라, 그러면 너는 어쩔 수 없이 (궁극적) 의미(공성)를 이해할 것이다.
모두 눈이 멀다. 너의 눈가리개를 벗고 먼저 보아라! 보았으면, [마음으로] 보아라! [마음으로] 보았으면,

이해해야 한다. 이해했으면, 실천해야 한다. 그리고
실천을 완성해야 한다. - 달마대사

* * *

By cherishing seeing the instructions as nectar, decisive understanding arises.
Never stop cherishing them, and you will be powerless to avoid understanding the meaning.
All are blind. To take off our blinders we must first look! Having looked, we must see! Having seen, we must understand! Having understood, we must practice! And we must bring that practice to completion! - *Dampa*

구결을 감로수로 귀하게 여겨야 결정적인 이해가 일어난다. 한 번이라도 이들을 귀하게 여기는 것을 멈추지 마라, 그러면 너는 어쩔 수 없이 그 (궁극적) 의미(공성)를 이해할 것이다.
모두 눈이 멀다. 너의 눈가리개를 벗고 먼저 보아라! 보았으면, [마음으로] 보아라! [마음으로] 보았으면, 이해해야 한다. 이해했으면, 실천해야 한다. 그리고 실천을 완성해야 한다. - 달마대사

008 질병의 기반은 아집

No one is to blame for my illness;
my own self-grasping is to blame.
For without self-grasping,
sickness has no basis to arise.

누구에게도 나의 질병에 대한 책임이 없다.
나 자신의 아집(我執)에게 책임이 있으니까.
아집이 없다면,
질병이 발생할 기반이 없다.

* * *

I've not trained in the terms of scholars;
All tenet systems are intellectual dharma.
It has little benefit for stopping the afflictions.

– *Milarepa*

009 **난 학자들의 용어로 수련하지 않았네,
모든 교리 체계는 지적인 달마니,
그건 번뇌를 중단시키는 데 별로 도움 안 되네**

- 밀라레빠

010 **Do not generate too many thoughts,
rest in natural freshness** - *Milarepa*
**너무 많은 생각을 일으키지 말고,
본래의 싱싱함**(싱싱한 의식)**에 머물러라** - 밀라레빠

Afflictions. Attitudes and emotions such as ignorance, attachment, anger, pride, jealousy, and confusion that disturb our mental peace and propel us to act in ways harmful to others. ↗

011 번뇌. 태도와 감정, 예를 들어, 무지(치), 탐욕(탐), 분노(진), 오만(만), 질투(질), 착란 같은, 이들은 마음의 평화를 뒤흔들어놓으며, 남들에게 해로운 방식으로 행동하게 만든다

012 관상(상상)의 위력

Through visualizing yourself as the deity,
the emotional state ceases to be a klesha,
because your attitude has been changed.
The emotion itself is transformed into
something pure. - *Khenchen Thrangu Rinpoche*

너 자신을 붓다라고 관상함으로써, 너의 감정
상태는 번뇌가 되지 않는다, 왜냐면 너의 태도가
바뀌었기 때문이다. 그 감정 자체가 청정한 (붓다의)
것으로 전환된 것이다. - 켄쩬 탕구 린뽀체

013 안다는 관념으로부터의 해방

A noble arahat, freed by 'disknowing,' is calm and unshaken by the impact of changing circumstances. His mind is at peace. His words are peaceful. His actions are peaceful. (문맥) at peace = peaceful

성스러운(聖人성인) 아라한은, '앎으로부터 벗어남'에 의해 해탈하여, 평온하고 변하는 환경의 영향에 의해 동요되지 않는다. 그의 마음은 평화롭다. 그의 말은 평화롭다. 그의 행동은 평화롭다.

014 **Not-knowing is true knowledge.
Presuming to know is a disease.
First realize that you are sick;
then you can move toward health.**

- *Lao Tzu*

(문맥) Not-knowing (=Not presuming to know) ↔ Presuming to know

안다는 생각(관념)에서 벗어난 게 진실하게 아는 것이다.
안다고 생각하는 것은 병이다.
먼저 그대가 환자라는 것을 깨달아라.
그러면 그대는 건강으로 옮겨갈 수 있다. - 노자(老子)

015 양자역학의 세계 - 초월의 세계

무시[시간초월] - 무공[공간초월] - 동시[시간적인 선후초월]

양자 역학의 세계에는

1 시간도 실제로 존재하지 않고(공하고) [무시],
2 공간도 없으며 [무공],
3 시간의 선후도 없어 - 과거, 현재, 미래의 사건들이 함께(동시에) 일어날 수 있다.

따라서
4 세상에 우리들을 속박하는 것은 아무것도 없으니 (자기 자신의 생각이나 편견, 고정관념 외에), 우린 모두 본래 자유인이다 - 그것도 영원한!

이렇게 자신의 마음을 '키우면' 스트레스, 암 등으로부터 해방될 수 있다. 본래의 마음은 무한하다. 시-공을 초월하니까.

016 범부의 길 / 붓다의 길 – 선택은 우리가 한다!

The whole world is your body. There's a tendency to view the body as your private possession. And because of that, you tend to forget the rest of the world and the greater orbit of experience involved with that. - *Chögyam Trungpa*

전 세계[존재전체, 우주]가 우리의 몸이다. 사람들은 흔히 자기 몸을 개인적인 소유물로 본다. 그래서 우리는 흔히 나머지 세계와 연관된 더 큰 범위의 경험을 잊어버린다. - 최걈 뚱빠

(주의) 만일 당신의 자존심이 당신에게 불이익을 가져온다면 그것은 바람직하지 않은 자존심이다.

(조언) 친구여, 이제 답답한 작은 자아(소아)에고,ego) - 범부의 길 버리고, 방대한 대인, 붓다의 길을 가자.
- 하하, 호호! 허허, 히히! - 신나게 웃으며! -

017 My father, Kuntuzangpo, All Excellent Samantabhadra
Ride on view and meditation as his sustenance.
For me, mundane appearances have never arisen.

나의 아버지, 꾼뚜쌍뽀, 일체 탁월한 보현불[본초불]은 견해와 명상으로 자신의 영양을 섭취하십니다.
제게는 (그가) 범부라는 모습(범부상)이 한 번도 일어난 적이 없습니다.

018 청정한 견해의 중요성

Know that your own impure appearances cause negativity to adhere to you! - *Padampa Sangye*

너 자신의 눈에 보이는 [붓다들의] 부정한 모습(부정상)이 악업이 네게 달라붙게 만든다! - 달마대사

019 참선자세 - 결가부좌의 효과 → 청정하고 부드러운 에너지

격자처럼 앉는 것은 몸에 온기[치유 에너지]가 나게 하고, 척추를 똑바로 세우면 몸의 바람이 제자리(중맥 central channel)로 들어가 마음이 기쁘고 깨어있는 느낌이 들며, 선정[마음의 집중]인은 몸과 마음을 편안하게하고, 쇠갈고리처럼 사지를 옭아매면 [이원적인] 생각이 일어나는 것을 막으며, 몸을 완전히 팽창하면 몸의 핵심 바람 중심점이 조절되고, 구리처럼 몸을 단단히 하면 몸에 빨리 온기가 나며, 눈을 코끝을 따라 아래로 향하면 집중이 잘 되기 때문에 마음이 맑아진다 [정화된다].
모든 어머니 중생들에 대한 사랑의 표시로 양쪽 어깨는 부드럽게 유지하고, 선정인 대신에 두 손을 양쪽 무릎 위에 편안하게 올려놓기도 하는데 이것은 법성(法性, 진실, 공성)에 머무는 것을 상징한다.

강한 믿음으로 마지막 두 줄만 한번 염송하세요!
공성 만뜨라로 모든 이원[분열]적인 현상 정화하기:

옴 쓰와바와 슛다 싸르와 달마 쓰와바와 슛도 함
(옴 자성은 청정하네. 모든 법의 자성은 청정하네.)

이렇게 몸의 자세를 바르게 하면, 몸의 바람이 움직이지 않으므로 생각이 가라앉아 본래의 지혜가 실현되는 것을 촉진시킨다고 한다. 뿐만 아니라 이 자세로 청정하지 않은 업의 바람, 업풍(業風)이 정지되고 부정한 맥도(channels)의 문이 닫히며 청정한 맥도의 문이 열린답니다.

옛날 인도의 숲속에서 아라한들이 이런 자세로 앉아있을 때, 원숭이들이 흉내 낸 결과 그들도 어느 정도 마음의 안정을 얻었다고 한다.

020 심외무물(마음 밖에 아무것도 없음) – 일체가 마음

If you realize all to be mind, nothing is
in discord, son! - *Padampa Sangye*
만일 네가 일체가 마음이라는 것을 깨달으면,
아무것도 부조화(갈등) 상태에 있지 않다, 아들아! - 달마대사

(용어) 깨달음의 스승(구루)들은 제자를 성(sex)에 따라 아들이나 딸이라 부른다.

021 마음의 실재(공성) - 완전한 자유(해탈)의 비결: 마음이 아무것에도 머물지 않는 것

With the mind resting on nothing, who will deceive you? If your mind rests on nothing, you are not seduced! - *Padampa Sangye*

마음이 아무것에도 머물지 않으면, 누가 너를 속이겠느냐? 너의 마음이 아무것에도 머물지 않으면, 너는 유혹받지 않는다! - 달마대사

022 윤회로부터 벗어나는(해탈하는) 비결 - 자기 자신의 본래의 마음의 실재(공성)와의 만남

Common qualities arise through conventional meditations, but by that one is not freed from samsara! Meeting with one's own innate actuality (reality) is quite enough! - *Dampa*

공통적인 자질(깨달음의 성취)은 발생된다, 세속적인 명상에 의해서. 그러나 이것에 의해서는 윤회로부터 해방되지 않는다. 자기 자신의 본래의 마음의 실재(공성)를 만나면 아주 충분하다! - 달마대사

* * *

By cherishing seeing the instructions as nectar,
decisive understanding arises.
Never stop cherishing them, and you will be
powerless to avoid understanding the meaning.
All are blind. To take off our blinders we must
first look! Having looked, we must see! Having
seen, we must understand! Having understood,
we must practice! And we must bring that
practice to completion! - *Dampa*

구결을 감로수로 귀하게 여겨야 결정적인
이해가 일어난다. 한 번이라도 이들을 귀하게 여기는
것을 멈추지 마라, 그러면 너는 어쩔 수 없이 그
(궁극적) 의미(공성)를 이해할 것이다.
모두 눈이 멀다. 너의 눈가리개를 벗고 먼저 보아라!
보았으면, [마음으로] 보아라! [마음으로] 보았으면,
이해해야 한다. 이해했으면, 실천해야 한다. 그리고
실천을 완성해야 한다. - 달마대사

023 깨달음으로 이르는 네 가지 단계: 이해, 경험, 발현, 실증 [용어학습]

Understanding refers to realizing the defining characteristics through a generic image.
Experience refers to generating that understanding in your mind.
Manifesting refers to bringing it to completion.
Realization means that all phenomena are destroyed in non-true existence whether one is meditating or not! - *Padampa Sangye*

이해가 가리키는 것은 규정적(지적)인 특징을 깨닫는 것이다, 장르의 이미지를 통해서.
경험이 가리키는 것은 발생하는 것이다, 그 이해가 너의 마음속에.
발현이 가리키는 것은 그것을 완성하는 것이다.
실증이 의미하는 것은 모든 현상(법)이 파괴되는 것이다, 공성(emptiness) 속에서, 명상을 하거나 않거나 상관없이!

024 양면(이중)성의 지혜 - 통합적 세계관

Without this world we cannot attain enlightenment.
Without this world, there would be no journey.
By rejecting the world we would be rejecting
the ground and rejecting the path ...
So in a sense, all the things taking place
around our world, all the irritations and all
the problems, are crucial. - *Chogyam Trungpa*

이 세상이 없으면 우린 깨달음 성취할 수 없다.
이 세상이 없으면, 깨달음의 여정이 없을 것이다.
세상을 버리면 우리는 터전을 버리고 깨달음의 도를
버리는 것이다. [...중략]
그러니 어떤 의미에서, 모든 벌어지는 일들, 우리 주위
에서, 모든 짜증나는 문제들, 모든 문제들은 결정적
이다 [결정적으로 중요하다]. - 최걈 뚱빠

025 명상 - 투쟁중단(놓아주기) 비우기

The method that Buddha discovered is meditation. He discovered that struggling to find answers did not work. It was only when there were gaps in his struggle that insights came to him. He began to realize that there was a sane, awake quality within him which manifested itself only in the absence of struggle. So the practice of meditation involves letting be. - *Trungpa*

붓다가 발견한 방법이 명상이다. 그는 발견했다, 투쟁해서 해답을 찾으려하는 것은 효과가 없다는 것을. 오로지 자신의 투쟁을 중단한 틈[사이]에 통찰이 그에게 왔다. 그는 깨닫기 시작했다, 건전한 깨어있는 자질이 그의 내부에 있어서 그것이 나타났다, 투쟁을 하지 않을 때만. 그래서 명상수행에 필요한 것은 있게 하는 (놓아주는) 것이다. - 최걈 뚱빠

026 명상 - 비움 [지혜 공간 발생] → 창작

Nobody can create a perfect work of art or
understand a perfect work of art without
understanding the practice of meditation.
So the sitting practice of meditation is the
basic ground.
But what do we mean by the sitting practice of
meditation? For instance, Beethoven, El Greco,
or my most favorite person in music, Mozart -
I think they all sat. They sat in the sense that
their minds became blank before they created
a work of art. Otherwise, they couldn't possibly
do it. Just coming out of the market and plopping
down at the dining room table and writing a play -
that's impossible.
Some kind of mindlessness in the Buddhist sense
has to take place. From that basic ground,
the sense of being openness, or isness begins
to develop. - Chogyam Trungpa

아무도 완전한 예술 작품을 창조하거나 완전한 예술
작품을 이해할 수 없다, 명상 수행을 이해하지 못하면.
그러니 앉아서 하는 명상 수행은 근본적 터전이다.

그러나 무엇을 의미하느냐? 앉아서 하는 명상수행이. 예를 들어, 베토벤, 엘 그레코, 나의 최애 음악가 모차르트는 내가 생각하기에 그들 모두 앉았다. 그들이 앉았다는 의미는 그들의 마음이 비워진 후에야 그들이 예술작품을 창조했다는 것이다. 그렇지 않으면 아마 그걸 할 수 없었을 것이다. 그냥 시장에서 나와 펄렁 식탁에 앉아서 희곡 한편을 쓴다, - 이건 불가능하다. 어떤 종류의 불교적인 의미에서, 마음 없음(마음 비움)이 발생해야 한다. 그 터전에서 열림, 혹은 있음(존재)이 발생하기 시작한다. - 최걈 뚱빠

027 근본선(善): 세상에서 가장 신나는 소식 <본성은 선해요

The Buddha discovered that there is something in us known as basic goodness. Therefore, we don't have to condemn ourselves for being bad or naughty. - *Chogyam Trungpa*

붓다는 발견했다, 우리들 안에는 근본적 선이란 것이 있다는 것을. 그러므로 우리는 우리들 자신을 비난할 필요가 없다, 나쁘다거나 고약하다는 이유로. - 최걈 뚱빠

028 문제해결 비결: 문제를 보는 관점 바꾸기

The attitude that results from the Buddhist orientation and practice is quite different from the "mistake mentality." One actually experiences mind as fundamentally pure, that is, healthy and positive, and "problems" as temporary and superficial defilements. Such a viewpoint does not quite mean getting rid of problems, but rather shifting one's focus. Problems are seen in a much broader context of health: one begins to let go of clinging to one's neuroses and to step beyond obsession and identification with them. The emphasis is no longer on the problems themselves but rather on the ground of experience through realizing the nature of mind itself. When problems are seen in this way, then there is less panic and everything seems more workable.

When problems arise, instead of being seen as purely threats, they become learning situations, opportunities to find out more about one's own mind, and to continue on one's journey. - *Trungpa*

불교지향성과 수행으로부터 나오는 결과는 "실패 성향"과 전혀 다르다. 우리는 실제로 경험한다, 마음은 근본적으로 청정하다고, 다시 말해, 건강하고 긍정적이며, "문제들"은 일시적이고 피상적인 떼(번뇌)다.

이런 관점은 전혀 의미하지 않는다, 문제를 제거하는 것을, 그와 달리, 집중을 바꾼다. 문제들은 훨씬 더 넓은 관점의 건강 면에서 파악되고, 우린 놓아주기 시작하고 자신의 노이로제에 대한 애착을 놓아주고, 강박과 그들과의 동일시를 초월한다(놓아준다). 강조점은 더 이상 문제점들에 있지 않고, 차라리 경험의 터전에 있으며, 이를 통해 마음 자체의 성품(공성)을 깨닫는다.

문제들을 이런 식으로 보면, 공포감이 줄어들고 모든 것은 더 잘 다룰(처리할) 수 있을 것 같아진다. 문제가 발생하면, 순전히 위협으로 보는 대신에 배우는 상황, 기회가 되어 자기 자신의 마음에 대해 더 많은 것을 알아내고 계속해서 자신의 깨달음의 여정에서 나아간다.

- 최걈 뚱빠

029 교육에 대한 상반적 - (부정적/긍정적) 접근

Teachers often think that if children do not feel guilty, then they won't study properly and consequently won't develop as they should. Therefore, many teachers feel that they have to do something to push the child, and guilt seems to be one of the chief techniques they use. This occurs even on the level of improving reading and writing. (표현) mistake = error
The teacher looks for errors: "Look, you made a mistake. What are you going to do about it?"
From the child's point of view, learning is then based on trying not to make mistakes, on trying to prove you actually are not bad.
It is entirely different when you approach the child more positively: "Look how much you have improved; therefore we can go further." In the latter case, learning becomes an expression of one's wholesomeness and innate intelligence. - *Trungpa*

교사들은 흔히 생각한다, 만일 아이들이 죄의식을 느끼지 않으면, 그들은 제대로 공부하지 않을 테고, 그 결과로 제대로 발전하지 않을 거라고. 그래서 많은 교사들은 느낀다, 뭔가 해서 아이들을 밀어주어야 한다고, 죄(의식)가 주된 기법 중의 하나다, 그들이 사용하는 것은. 이것은 발생한다, 심지어 읽기와 쓰기를 개선하는 수준에서조차도. 교사는 찾아본다, 오류를. "봐라, 너 잘못했어. 너 여기 대해서 어떻게 할 거니?" 아이의 관점으로부터, 배움은 그 기반이 잘못을 저지르지 않으려고 노력하는 것이고, 자기를 개선하려고 노력하는 것은 실제로 나쁜 것이 아니다. 완전히 다르다, 우리가 아이를 더 긍정적으로 접근하면: 봐라, 얼마나 많이 네가 좋아졌는지?: 그러므로 넌 더 나아갈(좋아질) 수 있어. 후자의 경우에, 배움은 표현이다, 자신의 건전성과 타고난 지혜의. - 최걍 뚱빠

030 우린 더 많이 미소 지을 수 있다, 아무리 장애가 많아도

As warriors, we try to rejoice whenever there is an obstacle, and we try to regard that as something that makes us smile. Each particular setback creates a further smile. We keep on going in that way, and we never give up or give in to any obstacles. For instance, I myself had a lot of hard time getting out of my country and being ill. And all sorts of things happen to me personally. Although everybody is trying to be extremely helpful to me, nonetheless obstacles happen to me all the time. But I don't regard those obstacles as a sign of anything at all; I keep on going myself. I was terribly sick yesterday, and it was not very pleasant - however, it made me smile. So I'm here, smiling, right now. We will always have ups and downs. It is like riding on a roller coaster: the more you go down and the more you go up, the more you smile each time. - *Trungpa*

깨달음의 용사로서, 우린 노력한다, 장애물을 우리들을

웃게 할 것으로 간주하려고. 각각의 특정한 후퇴는 더 많이 웃게 한다. 계속해서 이렇게 나아가며 우린 한 번도 포기하거나 굴복하지 않는다, 어떤 장애에게도. 예를 들어, 나 자신이 많은 어려움을 겪었다, 내 나라에서 나가는 (출국) 문제와 질병으로. 온갖 종류의 일들이 내게 일어난다, 개인적으로. 비록 각자 내게 도움을 주려고 최선을 다하지만, 그럼에도 불구하고, 장애물은 내게 항상 일어난다. 그러나 나는 이들 장애들을 어떤 것의 증표로 간주하지 않고, 나는 계속해 나아간다. 나는 어제 심한 질병을 앓았는데, 그건 아주 즐거운 것은 아니었지만, 그건 나를 미소 짓게 만들었다. 그래 내가 여기, 미소 짓고 있지, 바로 지금. 우린 언제나 오름과 내림이 있다. 이건 마치 롤러코스터를 타는 것 같다. 더 많은 오름과 내림이 있으면, 더 많이 우린 미소 짓는다, 매번. - 최걍 뚱빠

(명심) 어떤 장애물이나 아픔을 겪어도 흔들리지 않고, 미소 지을 수 있는 여유를 갖고, 자기 자신도 남도 탓하지 않는 분들, 이들은 최초의 고통 외에 추가적으로 어떤 불필요한 고통도 겪지 않는다.

031 내버려두기 - 이완 비법

Here relaxation is being without defense mechanisms, or if defense mechanisms arise, letting them be. Let them defend themselves rather than defend you. Then the defense mechanisms fall apart by themselves.
If you are tense, for instance, let the tenseness be tense. Then tenseness has no substance; it becomes relaxation. - *Trungpa*

여기 이완은 방어기제를 초월한 상태, 혹은 방어기제가 일어날 때 내버려두는 것이다. 그들이 자신을 방어하게 하라, 너를 방어하는 대신. 그러면 방어기제는 무너진다, 스스로. 만일 네가 긴장해 있을 때, 예를 들면, 그 긴장이 긴장하게 내버려두라. 그러면 긴장에는 실체가 없으니까 [공하니까], 그것은 이완이 된다. - 최걈 뚱빠

032 명상의 기본 : Just be with(단지 ~와 함께 있으라)

Just be with your breath; be with your discursive thoughts. That purity brings a sense of relief and a sense of peace, which is known as individual salvation. Peace in this case means being without complications. It is not a state of tranquility per se; it is just basic simplicity and basic ordinariness. That peace, that simplicity, is empty by nature. It has nothing to dwell on or with; therefore, it is basically fresh and clean and free from dirt, free from sloppiness. It is empty. - Trungpa

단지 있으라, 너의 호흡과 함께, 있으라, 너의 이원적인 생각들과 함께. 이 청정성[단순함]이 안도감과 평온감을 가져오는데, 이것은 개별적인 구원(해탈)으로 알려져 있다. 평온이 이 경우에 의미하는 것은 복잡함이 없는 것이지, 평온 자체가 아니다. 이것은 근본적 단순성(청정성), 근본적 일상성일 뿐이다. 이 평온, 단순성은 본성이 공하다. 여기에는 아무것도 생각하거나 머무를 대상이 없다, 그래서 이것은 근본적으로 신선하고, 깨끗하며, 떼가 없고, 엉성함이 없다. 이것은 공하니까. - 최걈 뚱빠

033 명상할 때 호흡에 집중하는 이유 - 생각을 평가하지 못하게 하는 수단

The sitting practice of meditation is simple, direct, and very businesslike. You just sit and watch your thoughts go up and down. There is a physical technique in the background, which is working with the breath as it goes out and in. That provides an occupation during sitting practice. It is partly designed to occupy you so that you don't evaluate thoughts. You just let them happen.

In that environment, you can develop renunciation: you renounce extreme reactions to your thoughts. Warriors on the battlefield don't react to success or failure. Success or failure is just regarded as another breath coming in and going out, another discursive thought coming in and going out. So the warrior is very steady. Because of that, the warrior is victorious - because victory is not particularly the aim or the goal. But the warrior can just be - as he or she is. - *Trungpa*

앉아서 하는 수행의 명상은 단순하고, 직접적이며, 매우 사무적이다. 우린 단지 앉아서 지켜본다, 우리들의 생각이 일어나고 사라지는 것을. 신체적인 기법 배경으로 호흡을 이용한다, 그것이 나가고 들어올 때. 이것은 마음이 몰두할 거리를 제공한다, 앉아서 수행하는 기간 중에. 부분적으로 이것의 목적은 우리의 마음이 여기에 몰두해서 생각을 평가하지 말고, 그냥 일어나도록 내버려두게 한다. 이런 환경에서 우린 버림을 개발할 수 있다. 우린 버린다, 지나친 반응을, 우리의 생각에 대해. (깨달음의 용사)(보살)들은 전쟁에서 성공이나 실패에 대해 반응하지 않는다. 성공이나 실패는 또 하나의 호흡이 들어와 나가는 것으로, 또 하나의 이원적인 생각이 들어와 나가는 것으로 간주된다. 그래서 용사는 매우 안정되어있다. 그 때문에 용사는 승리한다. 왜냐면 승리는 특별히 목표나 목적이 아니기 때문이다. 그러나 용사는 단지 있을 뿐이다. 있는 그대로 남자나 여자로 (말이다).

- 최걈 뚱빠

034 자연스럽게 여기 있으면, - 분개와 사로잡힘이 줄고 안락해진다

By naturally being here, we have less resentment. When we are resentful, we are somewhere else, because we are preoccupied with something else. Being a warrior is being simply here without distraction and preoccupation. And by being here, we become cheerful. We can smile at our fear. - *Trungpa*

자연스럽게 여기 있음으로써, 우리는 덜 분개한다. 우리가 분개할 때, 우리는 어떤 다른 곳에 있다, 왜냐면 우리가 어떤 다른 것에 사로잡혀있기 때문이다. 깨달음의 용사(보살)는 그냥 여기에 있을 뿐, 마음분산과 사로잡힘이 없다. 여기 있음으로써, 우리는 안락해진다. 우린 미소 지을 수 있다, 우리의 두려움에 (대해). - 최걈 뚱빠

035 기만하는 전문가가 되지 않는 법 - 문제를 감추지 않기

Most of the problems in life do not come about because you are an aggressive or lustful person. The greatest problem is that you want to bottle those things up and put them aside, and you have become an expert in deception. That is one of the biggest problems. Meditation practice is supposed to uncover any attempts to develop a subtle, sophisticated, deceptive approach. It is to uncover those patches. - Trungpa

대부분의 인생에서 문제가 발생하는 원인은 우리가 공격적이거나 욕정적이어서가 아니다. 가장 큰 문제는 우리가 이런 것들을 병 속에 가두어서 제쳐놓고, 우리가 속이는 전문가가 되는 것이다. 이것이 가장 큰 문제들 중의 하나다. 명상 수행은 찾아내는 것이다, 어떤 시도를 해서 교묘하고, 복잡한, 기만적인 시도를 개발하려는 것을. 이것은 이들 눈 가리게(속임수)를 벗기는 것이다.

- 최걈 뚱빠

036 문제는 이집(이원적 집착), 해답은 초월

The phenomenal world that all human beings experience is fickle and also merciless. You often wonder whether you can ride on that fickle and merciless situation or whether it is going to ride on you. To use an analogy, either you are riding on a donkey or the donkey is riding on you. Ordinarily, in your experience of the world, it is questionable who is riding on whom. The more you struggle to gain the upper hand, the more speed and aggression you manufacture to overcome your obstacles, the more you become subject to the phenomenal world.
The real challenge is to transcend that duality altogether. It is possible to contact energy that is beyond dualism, beyond aggression - energy that is neither for you nor against you. - *Chögyam Trungpa*

현상계는 모든 중생들이 경험하는데 변덕스럽고 또한 무자비하다. 우린 흔히 의아해한다, 우리가 이 변덕스럽고 무자비한 상황 위에 우리가 타는지 혹은 그것이 우리 위에 타는지가. 비유로 말하면, 우리가 당나귀 위에 타는지, 혹은 당나귀가 우리 위에 타는지. 일상적으로 보면, 우리가 경험하는 세상은 의심스럽다, 누가 누구 위에 타는지가. 더 많이 우리가 우위를 차지하려고 애를 쓰면, 더 많은 속도와 공격을 해서 우리들의 장애를 극복하려고 투쟁함에 따라 더 많이 우린 현상계에 지배받게 된다. 진정한 문제는 이원성을 완전히 초월하는 것이다. 그러면 우린 에너지를 접촉할 수 있다, 이원성을 초월하고, 공격을 초월하는 에너지, 다시 말해, 우리들을 위한 것도 반대하는 것도 아닌 에너지를.

- 최걈 뚱빠

037 생사초월의 기쁨

All things in samsara and nirvana are
Mere projections of one's own mind.
That mind too is beyond birth and death,
Abiding in the ultimate mode of Being.
E-ma-ho: How wondrous! - *The Seventh Dalai Lama*

윤회와 열반의 모든 것은
단지 자신의 마음의 투사[공성]일 뿐이네.
그 마음 또한 탄생과 죽음을 초월해 있으니,
존재의 궁극적인 양상(공성)에 머무는 것.
아, 얼마나 놀라운 일인가! - 제7대 달라이 라마

038 이웃의 고통을 외면할 수 없으니 - 그들을 돕는 게 나를 돕는 길이네 <이타 = 자리

This world needs tremendous help. Everybody's in trouble. Sometimes they pretend not to be, but still, there's a lot of pain and hardship. Everybody, every minute, is tortured, suffering a lot. We shouldn't just ignore them and save ourselves alone. That would be a tremendous crime.

In fact, we can't just save ourselves, because our neighbors are moaning and groaning all over the place. So even if we could just save ourselves, we wouldn't have a peaceful sleep. The rest of the world's going to wake us up with their pain. - *Chogyam Trungpa*

이 세상은 엄청난 도움이 필요하다. 누구나 곤경에 빠져있으니까. 때로는 그들이 안 그런 척 하지만, 그래도 많은 아픔과 어려움이 있다. 누구나, 매순간, 고문을 당하고, 많은 괴로움을 겪는다. 우리는 그들을 무시하고 우리들 자신만 구해서는 안 된다. 그것은 엄청난 죄악이 될 것이다. 실은, 우리들 자신만 구할 수 없다, 왜냐면 우리들의 이웃들이 신음소리를 도처에서 내고 있기 때문이다. 설사 우리가 우리들 자신만 구할 수 있다 해도, 우린 평화롭게 잠잘 수 없을 것이다. 나머지 세상의 괴로워하는 소리가 우리들을 깨울 테니까. - 최걈 뚱빠

(감동) 이 위대한 스승 뚱빠 님의 글은 읽기만 해도 엄청난 치유효과가 있다. 왜냐면 그의 글은 깊은 지혜와 방대한 자비에서 술술 자연스럽게 흘러나오기 때문이다.

(표현) to be in trouble 곤경에 빠져있다. to have a peaceful sleep(= sleep peacefully) 평화롭게 잠자다

039 존재전체(우주)가 아픈데 - 누가 아프지 않겠는가? <자비심

Although we may feel as though we're covered with a cast iron shield, a sore spot always exists in us, which is fantastic. That sore spot is known as embryonic compassion, potential compassion. At least we have some kind of gap, some discrepancy in our state of being, which allows basic sanity to shine through. Not only that, but there is also an inner wound, which is called tathagatagarbha, or buddha nature. Buddha nature is like a heart that is sliced and bruised by wisdom and compassion. When the external wound and the internal wound begin to meet and to communicate, then we begin to realize that our whole being is made out of one complete sore spot altogether. That vulnerability is compassion.

We really have no way to defend ourselves any more at all. A gigantic cosmic wound is all over the place - an inward wound and an external wound at the same time. Both are sensitive to cold air, hot air, and little disturbances of atmosphere which begin to affect us both inwardly and outwardly. It is the living flame of love, if you would like to call it that. - *Chogyam Trungpa*

비록 우리가 느낄 수 있으나, 마치 쇠로 주조한 방패로 덥혀있다고, 아린 곳이 언제나 우리들 안에는 존재한다, 이건 대단한 것이다. 이 아린 곳이 발아중인 자비심, 잠재적인 자비심이다. 적어도 우리는 어떤 종류의 틈, 간격이 우리들 존재 상태에 있는데, 이것이 근본적 건전성이 발산하게 해준다. 그 뿐만 아니라, 거기에는 내적인 상처도 있는데, 따타가타가르바, 혹은 불성이라 불린다. 불성은 마치 심장이 지혜(의 칼로), 자비로 잘리고 상처 내놓은 것 같다. 외적인 상처와 내적인 상처가 만나기 시작하여 소통하기 시작할 때, 우린 깨닫기 시작한다, 우리들의 전 존재가 구성되어있다는 것을, 하나의 완전한 아린 곳으로 전적으로. 그 취약성이 자비다. 우리들에게는 진실로 길이 없다, 우리들 자신을 방어할 길이 전혀. 거대한 우주(존재전체)의 상처가 도처에 있기 때문에, 내부 상처와 외부 상처가 동시에. 양쪽 모두 민감하다, 찬 공기와 더운 공기, 약간의 대기의 동요가 우리들에게 영향을 주기 시작한다, 내적, 외적으로 모두. 이것이 사랑의 불꽃이다, 네가 이렇게 부르고 싶다면 말이야. - 최감 뚱빠

040 완전한 우정, 일체포용하는 (하나 됨의 우정), 자애

Maitri could be translated as "love," "kindness,"
or "a friendly attitude." Having a friendly attitude
means that, when you make friends with someone,
you accept the neurosis of that friend as well as
the sanity of that friend. You accept both
extremes of your friend's basic makeup as
resources for friendship. If you make friends with
someone because you only like certain parts of
that friend, then it is not complete friendship,
but partial friendship.
So maitri is all-encompassing friendship,
friendship which relates with the creativity as well
as the destructiveness of nature. - *Chogyam Trungpa*

마이뜨리는 번역될 수 있다, "사랑," "친절," 혹은 "친구
같은 태도." 친구 같은 태도를 갖는다는 것은 네가 어떤
사람과 친구가 될 때, 그 친구의 노이로제[단점]도 받아
들인다는 것이다, 그 친구의 건전성[장점]과 함께. 우리는
양극단을 그 친구의 근본적인 성격의 자원을 우정을 위한
자원으로 받아들인다. 만일 네가 어떤 사람과 친구가
될 때, 네가 그 친구의 좋은 점 때문이라면, 그것은
완전한 우정이 아니라 부분적인 우정이다. 그러므로
maitri는 일체-포용하는 우정, 이 우정은 창조성뿐만
아니라 자연의 파괴성과도 관계를 맺는다. - 최걈 뚱빠

041 진정한 이해를 가져오는 것 - 하나 되는 것(합일)

However, maitri, loving-kindness, is not just being kind and nice. It is the understanding that one has to become one with the situation. That does not mean that one becomes entirely without personality and has to just accept whatever the other person suggests. rather, one has to overcome the barrier that one has formed between oneself and others. If you remove this barrier and open yourself, then automatically real understanding and clarity will develop in your mind. - *Chogyam Trungpa*

그러나 마이뜨리, 자애는 단순히 매우 친절한 것이 아니다. 이것은 이해다, 자기가 상황과 하나(합일)가 되어야 한다는 것이다. 이것은 의미하는 것이 아니다. 우리가 전혀 개성이 없고 뭐든 상대방이 제시하는 것을 받아들여야 한다는 것을. 대신에, 우리가 장애물을 극복해야 한다는 것이다, 우리들 자신과 남들 사이에 만들어 놓은. 이 장애물을 제거하고 우리들 자신을 열면, 자동적으로 진정한 이해와 명료함이 우리들 마음에 발생한다. - 최걈 뚱빠

(표현) overcome (the barrier) = remove (the barrier)

→ overcome = remove

042 좋은 태도 기르는 방법

먼저, 모든 중생들에게 평등심을 갖는 수행을 한다.
수없이 많이 윤회해오는 동안 모든 중생들은 친구도 되고 적도 되었으니 이들을 구별할 이유가 없음을 사유한다.

1 모든 중생들을 자신의 어머니로 인식한다.
2 그들의 친절(은혜)에 대해 고마움을 느낀다.
3 그들의 친절에 대해 보답하기를 원한다.

4 이들 셋이 원인이 되어 자애(慈心자심)를 일으킨다.
5 자애심은 연민(悲心비심)을 일으키는 원인이 된다.
6 중생들을 위해 일하는 짐을 자기 자신이 떠안으려는 개인적인 책임감을 일으킨다.

7 이로부터 모든 어머니 중생들을 위해 깨달음을 얻으려는 소원(보리심)이 일어난다.

043 명상 - 비움 - 창작 공간(터전) 제공

Nobody can create a perfect work of art or understand a perfect work of art without understanding the practice of meditation.
So the sitting practice of meditation is the basic ground.
But what do we mean by the sitting practice of meditation? For instance, Beethoven, El Greco, or my most favorite person in music, Mozart - I think they all sat. They sat in the sense that their minds became blank before they created a work of art. Otherwise, they couldn't possibly do it. Just coming out of the market and plopping down at the dining room table and writing a play - that's impossible.
Some kind of mindlessness in the Buddhist sense has to take place. From that basic ground, the sense of being openness, or isness begins to develop. - *Chogyam Trungpa*

아무도 완전한 예술 작품을 창조하거나 완전한 예술 작품을 이해할 수 없다, 명상 수행을 이해하지 못하면.
그러니 앉아서 하는 명상 수행은 근본적 터전이다.

그러나 무엇을 의미하느냐? 앉아서 하는 명상수행이.
예를 들어, 베토벤, 엘 그레코, 나의 최애 음악가
모차르트는 내가 생각하기에 그들 모두 앉았다. 그들이
앉았다는 의미는 그들의 마음이 비워진 후에야 그들이
예술작품을 창조했다는 것이다. 그렇지 않으면 아마
그걸 할 수 없었을 것이다. 그냥 시장에서 나와 펄렁
식탁에 앉아서 희곡 한편을 쓴다, - 이건 불가능하다.
어떤 종류의 불교적인 의미에서, 마음 없음(비움)이
발생해야 한다. 그 터전에서 열림, 혹은 있음(존재)이
발생하기 시작한다. - 최걈 뚱빠

044 더 큰 비전, 자비심을 키우기 위한 명상

Taking the mahayana approach of benevolence means giving up privacy and developing a sense of greater vision. Rather than focusing on our own little projects, we expand our vision immensely to embrace working with the rest of the world, the rest of the galaxies, the rest of the universes. Putting such broad vision into practice requires that we relate to situations very clearly and perfectly.

대승의 접근법인 선의가 의미하는 것은 개인적인 감정을 포기하고 더 큰 비전 감을 개발하는 것이다. 우리들 자신의 작은 일에 집중하는 대신에, 우리는 우리의 비전을 무량하게 팽창하여 포용하여 일한다, 나머지 세상, 나머지 갤럭시들, 나머지 우주들과. 이렇게 광범위한 비전을 실천하려면, 반드시 우리는 사태와 관련을 맺어야한다, 매우 명백하게 그리고 철저하게.

In order to drop our self-centeredness, which both limits our view and clouds our actions, it is necessary for us to develop a sense of compassion. Traditionally this is done by first developing compassion toward oneself, then toward someone very close to us, and finally toward all sentient beings, including our enemies. Ultimately we regard all sentient beings with as much emotional involvement as if they were our own mothers. We may not require such a traditional approach at this point, but we can develop some sense of ongoing openness and gentleness.

– *Chogyam Trungpa*

이기적인 태도를 버리고, 이것은 우리들의 견해를 제한하고 행동을 흐리게 하므로, 반드시 우리는 자비심을 개발해야한다. 전통적으로, 이것은 이루어진다, 먼저 자기 자신에 대해 자비심을 일으키고, 다음에는 누군가 우리들에게 매우 가까운 사람, 마지막으로 모든 중생들에 대해, 여기에는 우리들의 적도 포함된다. 궁극적으로 우리는 모든 중생들을 대해야한다, 많이 정서적으로 관여하면서, 마치 그들이 우리들 자신의 어머니인 것처럼. 우리는 이런 전통적인 접근이 이 시점에서는 필요하지 않을 수도 있으나, 어느 정도의 지속적인 열린 태도와 친절은 개발할 수 있다. – 최걈 뚱빠

불교공부(수행)의 반은 용어공부이고
나머지는 실천수행이다.

045 누가 더 나은 스승인가? - 많이 아는 스승 / 실천하는 스승

If you study with a teacher who acquired his understandings by information alone, that person may tell you very wise things, beautiful things, but he won't know how to handle the gaps. He blushes or he gets embarrassed or he fidgets around between stories, between the wisdoms that he utters. But if you are dealing with somebody who is completely competent, who is actually living the information, the teaching has become part of her whole being,

(문맥) study with = are dealing with ~ 의 지도를 받다

so there is no embarrassment. It goes on and on and on, like the waves of an ocean. There is endless richness. You receive a loot, but at the same time, you don't feel that she emptied out all her information to you. You feel there's much more to be said. - *Chögyam Trungpa*

만일 우리의 스승이 자신의 이해를 정보만으로 획득했다면, 그는 우리에게 매우 현명한 것들, 아름다운 것들을 얘기해줄 수 있으나, 그는 틈(간격)을 다룰 줄 모를 것이다. 그는 얼굴을 붉히거나 당황하거나 안절부절 할 수 있다, 얘기 사이, 그가

발설하는 지혜 사이에서. 그러나 만일 우리의 스승이 완전히 유능하고, 실제로 그 정보를 살아서(실천하여) 그의 전 존재의 일부가 되었다면, 당황하는 일이 없을 것이다. 그것은 계속되고 계속된다, 마치 바다의 파도처럼. 여기에는 끝없는 부유함이 있다. 우리는 엄청난 것을 받지만, 그가 모든 자기 정보를 다 털어놓았다는 느낌은 없다. 우리는 훨씬 더 얘기해줄 것이 많다는 느낌을 받는다. - 최걈 뚱빠

046 모든 공부나 수행의 출발은 모방

Meditation is simply providing space through
the discipline of sitting down and doing nothing.
Doing nothing is extremely difficult. At the
beginning we can only try to do nothing by
imitating doing nothing. And then hopefully
we can develop gradually from there. - *Chogyam Trungpa*

(표현) hopefully = we hope

명상은 단지 [지혜의] 공간을 제공하는 것이다, 앉아서 아무것도 하지 않는 훈련[역설적, 해학적 표현]을 통해. 아무것도 하지 않는 것은 지극히 어렵다. 처음 시작할 때는 아무것도 하지 않으려고 애를 쓴다, 아무것도 하지 않는 것을 흉내 내면서. 그런 다음에는 바란다, 발전할 수 있을 거라고 차츰 거기서 부터. - 최걈 뚱빠

047 **겸손**[자기 낮추기] - **비움**(지혜의 공간 만들기)

If arrogance enters into your being, there is no room for humbleness, and the teachings have no room to enter. Moreover, when you are arrogant rather than humble, there is room for distorting the teacher or editing the teachings.
It is possible to become deaf and dumb as a result of arrogance. While you carry the burden of arrogance, you will not have any form of joy.
It is time to create humbleness by means of the discipline of sitting properly[결과부좌] and thoroughly. - *Chogyam Trungpa*

오만이 우리의 존재에 들어오면, 겸손을 위한 여지가 없고, 가르침이 들어올 여지가 없다. 더욱이, 우리가 오만하며 겸손하지 않으면, 여지가 있다, 스승을 왜곡하거나 그의 가르침을 손질할. 아마도 듣지도 못하고 말도 못할 수도 있다, 오만의 결과로. 우리가 오만의 짐을 지고 다니는 한 우리는 어떤 형태의 기쁨도 없을 것이다 이제 겸손을 개발해야 한다, 제대로 철저히 앉아서 하는 수행을 통해서. - 최걈 뚱빠

048 명상 ···› 의식 팽창과 정화

The sitting practice of meditation allows a sense of solidness and a sense of slowness and the possibility of watching one's mind operating all the time. Out of that, a sense of expansion slowly begins to develop and, at the same time, the awareness that you have been missing a lot of things in your life. You have been too busy to look for them or see them or appreciate them. So as you begin to meditate, you become more perceptive. Your mind becomes clearer and clearer, like an immaculate microscopic lens. - *Chogyam Trungpa*

앉아서 하는 명상 수행은 견고한 감과 느린 감을 허락하고 자신의 마음이 항상 작동하는 것을 지켜볼 수 있다. 여기에서 팽창감이 서서히 일어나기 시작하고, 동시에, 우리가 우리의 인생에서 많은 것을 놓쳐왔다는 깨달음이 일어난다. 우리는 너무 바빠서 그들을 찾아보거나 그들을 보고 고맙게 여기지 못했다. 그래서 명상하기 시작함에 따라 우리는 더 많이 인식하게 되고, 마음이 더욱더 맑아지게(정화) 된다, 마치 티 하나 없는 현미경 렌즈처럼. - 최걈 뚱빠

049 유머[여유]의 중요성

Nothing is permanent in this wicked world -
not even our troubles. - *Charlie Chaplin*
아무것도 오래가지 않는군, 이 고약한 세상에는 -
골칫거리들조차 말이야[하하!]. - 찰리 채플린

050 무교육의 교육적[역설적,해학적 표현] 가치 - 단순성의 지혜

So there is value in the simplemindedness of students or we could almost say their uneducatedness - not having too much vocabulary to describe their experience. At the same time, that earthbound quality provides a lot of room and space to understand the teachings to the fullest, very precisely, on a real, direct, and straightforward level. - *Chögyam Trungpa*

학생들의 단순한 마음, 혹은 그들의 무교육성은 [수행적인] 가치가 있다, 그들에게는 자기들의 경험을 설명할 너무 많은 어휘 (이원적인 표현수단)가 없기 때문이다. 동시에, 이런 소박한 특징이 많은 여지와 (지혜의)

공간을 제공하여 가르침을 이해하게 한다, 완전하게 매우 정밀하게, 실제적, 직접적, 솔직한 수준에서. - 최걈 뚱빠

051 **샤마타**[평화] ··· **단순성**(단일성)

The mind is like a crazy monkey, which leaps about and never stays in one place. It is completely restless and constantly paranoid about its surroundings. The training, or the meditation practice, is a way to catch the monkey, to begin with. Traditionally, this training is called shamatha in Sanskrit, or shi-ne in Tibetan, which means simply "the development of peace." When we talk about the development of peace, we are not talking about cultivating a peaceful state, as such, but about simplicity. - *Chögyam Trungpa*

마음은 마치 미친 원숭이 같다, 이리저리 뛰어다니고 한 곳에 머물지 않는. 그건 완전히 쉴 줄 모르고 끊임없이 주위환경에 대해 광적이다. 훈련 혹은 명상 수행은 하나의 방법이다, 원숭이를 잡는 것으로 시작해. 전통적으로, 이 훈련은 샤마타 (싼스끄리뜨어), 혹은 쉬네 (티베트 어)라고 하는데, 이것이 의미하는 것은 단지 “평화”의 개발이다. 그러나 이것은 평화로운 상태 자체의 개발을 얘기하는 것이 아니라, 단순성 (단일성)을 얘기한다. - 최걈 뚱빠

052 단순한 명상이 가져오는 놀라운 변화

In the practice of meditation, simply relating with the breath is very monotonous and unadventurous - we do not discover that the third eye is opening or that chakras are unfolding. It is like a stone-carved Buddha sitting in the desert. Nothing, absolutely nothing happens. As we realize that nothing is happening, strangely we begin to realize that something dignified is happening. There is no room for frivolity, no room for speed. We just breathe and are there. There is something very satisfying and wholesome about it. It is as though we had eaten a good meal and were satisfied with it, in contrast to eating and trying to satisfy oneself. It is a very simple-minded approach to sanity. - *Chogyam Trungpa*

명상 수행에서, 단지 호흡과 관계하는 것은 매우 단조롭고 비모험적이다, 우리는 발견하는 게 아니다, 제삼(3)의 눈이 열리거나 짜끄라가 펼쳐지는 것을. 이것은 석조 불상이 사막에 앉아있는 것과 비슷하다. 아무것도, 전혀 아무것도 일어나지 않는다. 우리가 깨달음에 따라, 전혀 아무것도 일어나지 않는다는 것을, 이상하게도 우리는 깨닫기 시작한다, 무엇인가 가치 있는 것이 일어나고 있다는 것을. 여기에는 경솔을 위한 여지가 없고 속도를 위한 여지가 없다. 우린 단지 호흡하며 여기에 있을 뿐이다. 어떤 매우 만족스럽고 건전한 것이 있다. 마치 우리가 좋은 식사를 하고 만족한 것 같은, 이것은 무엇을 먹고 자기 자신을 만족시키려하는 것과 대조된다. 이것은 매우 단순한 마음으로 건전성에 접근하는 것이다. - 최걍 뚱빠

053 가장 빠른 길은 목적지[결과]에서 출발[시작]하는 것[해학적 표현]

자기 마음이 붓다임을 깨달으면 ~

Through recognizing my mind as buddha,
I have no thing I wish to accomplish.
When realization dawns from within,
It is like the sun that rises over the darkness.
The collections of concepts and afflictions,
Without contrivance, dissolve in their own place, - *Milarepa*

내 마음이 붓다임을 인식하자
나는 성취하고 싶은 것이 없네.

깨달음이 내부로부터 밝아오자,
마치 해가 떠올라 어둠을 없애듯,
쌓인 관념과 번뇌(괴롭히는 감정), [조작하지
않으니], 있는 그대로 내버려두니 스스로 사라지네. - 밀라레빠

(명심) 거대한 조직(존재전체, 우주)의 지혜는 조작하거나 간섭하지 않는다, 그것은 자연적인 흐름을 방해하기 때문이다. 그래서 무-조작(개조)이 매우 중요하다. 이것은 아이들에게도 적용된다. 왜냐면 인간은 근본적으로 지혜의 존재이므로 창의력을 발휘할 기회가 필요하기 때문이다.

054 붓다, 성인처럼 세상 바라보기 성인의 세계관 (sacred outlook)

나는 붓다야! 너도 붓다야!
모두가 붓다야!
이것이 진정한 정토, 낙원이야!

(중요한 것은 자기 자신이 이렇게 봐야할 뿐만 아니라 모두가 그렇게 보여야 한다는 것입니다!)

Sacredness is not trying to look on the bright side of life and using that as a stepping-stone, but it is unconditional cheerfulness that has no other side. It is just one side, one taste. From that, goodness begins to dawn in your heart. Therefore, whatever we experience, whatever we see, whatever we hear, whatever we think - all these activities have a sense of holiness or sacredness in them. The world is full of hospitality at that point. Sharp corners begin to dissolve, and the darkness begins to lift in our lives. - *Chögyam Trungpa*

성스러움은 인생의 밝은 면을 보고 그것을 디딤돌로 사용하려는 것이 아니라 조건을 초월한(무조건적인) 행복한 태도인데, 여기에는 다른 편이 없다. 이것은 단지 한 편이며, 한맛이다. 여기서부터, 선(善)이 우리들의 마음속에 밝아오기 시작한다. 그러므로 무엇을 우리가 경험하거나, 보거나, 듣거나, 생각하거나 - 이 모든 것들이 성스러운 느낌을 갖는다. 세상은 이 시점에서 친절로 가득 찬다. 날카로운 구석들은 사라지기 시작하고, 어둠이 우리들의 인생에서 걷히기 시작한다. - 최걈 뚱빠

055 대치법 - 지혜의 치료법

As the opponent is approaching you, the closer he gets, he expects more and more to encounter another strength coming toward him. When that strength is not there at all, he just collapses [...] That is the whole point: when you do not produce another force of hatred, the opposing force collapses. - *Chogyam Trungpa*

상대방이 우리에게 접근할 때, 더 가까이 그가 다가오면,
그는 더 많이 기대한다, 다른 힘이 그에게로 오고 있다고.
그 힘이 거기에 전혀 없을 때, 그는 그냥 무너진다...
이것이 전체 요지다: 우리가 또 하나의 미움[분노]의 힘을
일으키지 않으면, 상대방의 힘은 무너진다. - 최걈 뚱빠

056 상대를 친구로 만드는 법

The true practice of the martial arts is a question of developing a state in which one is being fully confident, fully knowing that what one is and what one is trying to do. What is necessary is to learn to understand the other side of any situation, to make friends with the opponent or the problem. - *Chogyam Trungpa*

진정한 무술 수행은 완전한 자신감을 개발하여, 완전히(철저히) 아는 것이다, 자기가 어떤 사람이고, 자기가 하려는 것이 무엇인지. 필요한 것은 배워서 이해하는 것이다, 어떤 상황의 다른 면, 상대방 혹은 문제를 친구로 만드는 법을. - 최걈 뚱빠

057 진정한 보살도

In fact, the whole of existence is well-constructed, so that there is very little room for mishaps. There are, of course, constant challenges. But for the true warrior, there is no warfare. You are never at war with your world. - *Chögyam Trungpa*

사실, 전 세계가 잘 조직되어있어서 여지가 거의 없다, 불상사가 일어날. 물론, 끊임없이 문제는 있다. 그러나 진정한 깨달음의 용사(보살)에게는 전쟁이 없다. 그는 한 번도 세상과 싸우지 않으니까. - 최걈 뚱빠

058 수용하면 결함도 깨달음의 도가 된다!

If we can accept our imperfections as they are, quite ordinarily, then we can use them as part of the path. But if we try to get rid of our imperfections, then they will be enemies, obstacles on the road to our "self-improvement."

- *Chögyam Trungpa*

만일 받아들일 수 있으면, 우리가 결함을 있는 그대로, 아주 일상적으로(당연한 것처럼), 그럼 우린 그들을 도의 일부로 이용할 수 있다. 그러나 우리의 결함을 제거하려고 하면, 그들은 적, 장애가 된다, "우리들의 자기-향상(수행)의 길에서. - 최걈 뚱빠

(명심) 지혜의 눈에는 제거해야할 적이 없다, 이용해야 할 친구, 깨달음의 자원이 있을 뿐. 그러기에 그는 언제 어디서나 행복하다.

059 명상은 즉각적인 기회를 제공한다 - 문제해결을 위한

Meditation provides an immediate opportunity to bring one's neuroses to the surface, examine them, work with them, and recognize then as materials of the path rather than villains. - *Chogyam Trungpa*

명상은 즉각적인 기회를 제공하여 자신의 병적인 것(악)을 노출시켜, 조사하고, 연구하여, 인식하게 한다, 그들이 깨달음의 도의 자료이지 악당(적)이 아니라는 것을. - 최걈 뚱빠

060 크게 보면, 모든 게 축제의 일부

Maybe you are not doing everything wholeheartedly and properly. Maybe you cannot make it up to the prescribed level. You can't be a good meditator all the time. You can't constantly keep up your humor all the time.

You have your weak moments. Your weak moments show. Of course! Why not?

That's part of the celebration.
Otherwise, there's nothing to celebrate.

If you don't have your weak points, what's left? Just blank white, without even a dot of ink, on the sheet of your life. You can celebrate because all kinds of things are involved with your life; therefore, it is a source of celebration. There is contrast - this and that, that and this - and things can't always be sorted out properly and put into proper perspective. So let it be that way. - *Chogyam Trungpa*

어쩌면 우린 모든 걸 전심을 다해 제대로 못하고 있을 수 있다. 어쩌면 우린 규정된 수준까지 이르지 못할 수도 있다. 그리고 우린 항상 훌륭한 명상가가 아닐 수 있다. 우린 항상 유머를 유지하지 못할 수 있다. 우린 약한 순간들이 있다. 우리의 약한 순간들은 보여준다, 물론이지! 왜 아니겠느냐? 이것도 축제의 일부라는 것을.
그렇잖으면 아무것도 축하할 게 없다. 만일 우리에게 약점이 없다면, 뭐가 남느냐? 그저 빈 하얀 공간, 잉크 얼룩조차 없는 우리의 인생의 종이 위에. 우리가 축하할 수 있는 것은 온갖 종류의 것들이 우리 인생과 관련되어있고, 그래서, 그건 축하의 원천이다. 이와 대조적으로 이것과 저것, 저것과 이것이 있어, 사물을 언제나 제대로 분류하고, 제대로 투시할 수 없다. 그러니 이건 이렇게 내버려두자. - 최감 뚱빠

061 웃으면 지혜의 공간(여유)이 생겨요!

Meditation practice is based on dropping dualistic fixation, dropping the struggle of good against bad. There are many references in the tantric literature to mahasukha, the great joy, but the reason it is referred to as the great joy is because it transcends both hope and fear, pain and pleasure. Joy here is not pleasurable in the ordinary sense, but it is an ultimate and fundamental sense of freedom, a sense of humor, the ability to see the comical aspect of the game of ego, the play of polarities. If one is able to see ego from an aerial point of view, then one is able to see the humorous quality. - *Chögyam Trungpa*

수행의 기반은 이원적인 집착(이집, 작은 자아의 세계관)을 내려놓고, 선과 악의 투쟁을 내려놓는 것이다. 딴뜨라 문헌에는 마하쑤카, 대락에 관한 언급이 많다. 그러나 이것을 큰 기쁨이라고 언급하는 것은 이것이 희망과 공포, 괴로움과 즐거움, 양쪽을 초월하기 때문이다. 기쁨은 여기서 일반적인 의미에서 즐거운 것이 아니다. 이것은 궁극적 근본적인 의미에서 해방감, 유머감, 에고[작은 자아] 게임의 코믹한 양상, 양극성의 유희를 볼 수 있는 능력이다. 만일 우리가 에고를 공중[높은 관점]으로부터 내려다 볼 수 있다면, 우리는 우스꽝스러운 특징을 볼 수 있을 것이다. - 최걈 뚱빠

062 명상의 양면성 - 여기 있으면서 놓아주는 것

Mindfulness dos not mean pushing oneself
toward something or hanging on to something.
It means allowing oneself to be there in the
present moment of what is happening in the
living process - and then letting go. - *Trungpa*

알아차림은 자기 자신을 밀고 어떤 것으로 나아가거나
어떤 것에 매달리는 것을 뜻하는 것이 아니다. 이것이
의미하는 것은 자기 자신을 거기 현재 순간에 일어나는
살아있는 과정에 있으면서, 그러고는 놓아주는 것이다. - 최걈 뚱빠

* * *

아집: ego-clinging 자아가 실재한다고 믿는 것(공성의 정견(바른 견해)에 어긋나는 그릇된 견해).

이집: dualistic fixation.이원적인 집착. 인식의 주체와 대상이 실재한다는 믿음

* * *

일이 잘 풀리지 않아 답답할 때 가끔 더 높은 수준이나
더 깊은 수준에서 바라보면 쉽게 풀릴 수 있다.
초등생이 고민하는 문제를 중학생이나 고교생의 입장에서
내려다보면 코믹한 면을 볼 수 있을 것이다.

(표현) X is based on Y. X의 기반은 Y다.
X is referred to Y. X는 Y라 불린다.
the struggle of good against bad 선의 악을 상대로 한 투쟁

063 명상은 초월

One must realize that to meditate is to pass beyond effort, beyond practice, beyond aims and goals, and beyond the dualism of bondage and liberation.

우리는 깨달아야한다, 명상한다는 것은 초월한다는 것이라는 것을, 노력(정진)을 초월하고, 수행을 초월하며, 목표와 목적을 초월하고, [범부의 세계관] 이원적인 속박과 해방을 초월하는 것이다.

064 비존재(공성)의 축복 - 엄청남[무한]

The experience of nonexistence brings a sense of delightful humor and, at the same time, complete openness and freedom.
In addition, it brings an experience of complete indestructibility that is unchallengeable, immovable, and completely solid. - *Chögyam Trungpa*

비존재(공성)의 경험은 신나는 유머감과 동시에, 완전한 열림과 자유를 준다.
덧붙여, 이것은 완전한 파괴 불능성, 도전 불능성, 부동성, 완전한 견고성을 가져온다. - 최걈 뚱빠

065 상반(이원)적인 것의 공존

Your mind is never totally contaminated by your neuroses. Goodness is always there. Catch it on the spot. Click into the sense of delight that comes from basic wakefulness. - *Chögyam Trungpa*

우리들의 마음은 노이로제[악]에 의해 완전히 오염된 적이 없다. 선이 언제나 거기에 있으니까. 이것을 즉석에서 잡으면 재깍 안락감 속으로 들어갈 수 있는데, 이것의 원천은 근본적인 깨어있음이다. - 최걈 뚱빠

(조언) 우리들의 마음이 한 번도 완전히 악으로 오염된 적이 없고, 언제나 선이 있다는 말에서, 우린 엄청난 위안을 얻을 수 있다. 수행을 통해 누구나 맑게 밝게 깨어나 안락을 얻을 수 있기 때문이다. 하하 호호 허허 히히, 신나게 웃어요!
지혜의 눈에는 모든 게 발전을 위한 기회요 자원이니까!

(표현) to catch it on the spot 그걸 붙잡다, 현장(즉석)에서

to click into (~) 재깍 들어가다 ~ 속으로

066 수용만하고 관여하지 않으면 → 하나 됨!

If you do not try to suppress your thoughts, but you just accept them and don't get involved with them, then the whole structure of thoughts become one with you and is no longer disturbing. - *Chögyam Trungpa*

만일 우리가 우리의 생각을 억누르려고 하지 않고, 그냥 받아들이고 거기에 관여하지 않으면, 그럼 생각 전체가 우리와 하나 되어 더 이상 우리들을 괴롭히지 않는다.- 최걈 뚱빠

(명심) 억누름(suppression)은 반발을 촉발하여 오히려 적을 만드는 역효과를 가져올 수 있다.

(표현) to suppress ('아래로 누르다') 억누르다

to get involved with ~에 관여하다

067 수행자 최대의 과제 - 공의 실현(실증)! 공(空)에 대한 분석명상(析空觀)

1 It cannot exist truly, because it is interdependent.
그것은 진실로(독립적으로) 존재할 수 없다, 왜냐면 그것은 서로 의존하니까.

일체가 서로 의존하니
모두가 한 가족이네

* * *

Everything exists in mutual dependence.
모든 것은 존재한다, 서로 의존해서.

* * *

(표현) in mutual dependence = interdependent
서로 의존하는/의존해서

2 Everything exists / merely by convention, but everything exists without existing naturally.
모든 건 존재하되 / 단지 관습에 의해서일 뿐이다. 그러나 모든 건 존재하되 자연적으로(자성에 의해서)는 아니다.

068 완전한 안락으로 가는 길 - 통합

Sadness and joy are one in basic goodness.
Don't try to push out the nightmare, and don't try to bring in the bliss.
Just rest your being in a state of basic goodness. - *Chögyam Trungpa*

슬픔과 기쁨은 근본선에서는 하나다.
악몽을 밀어내고 기쁨을 들여오려고 하지 마라.
단지 너의 존재를 근본선의 상태에 놓아두라. - 최걍 뚱빠

069 자기성취 점검자료 - 최선의 깨달음의 도의 요소들

The Best of all the Elements of the Path

- *Atisha* (아띠쌰 - 보리도등론 저자, 금강승의 전통을 살린 위대한 스승

The best scholar is one who has realized

the meaning of the absence of any true existence.

최선의 학자는 진실로 존재하는 것이 없다는 것(공성)의

의미를 실현한(실증한) 사람이다.

* * *

공성 만뜨라로 모든 이원(이분법)적인 현상 정화하기

옴 쓰와바와 슛다 싸르와 달마 쓰와바와 슛도 함

(옴 자성은 청정하네. 모든 법의 자성은 청정하네.)

* * *

The best monk is one who has tamed his own mind.

최선의 승려는 자기 자신의 마음을 길들인 사람이다.

The best quality is a great desire to benefit others.

최선의 자질은 남들에게 이익을 주려는 위대한 욕망

(보리심)이다.

* * *

The best instruction is always to watch the mind.

최선의 구결은 언제나 마음을 지켜보라는 것이다.

* * *

The best remedy is to know that nothing has
any inherent reality.
최선의 대치법(치료법)은 아무것도 독립적으로 존재하지
않는다는 것을 아는 것이다. [연기-공성]
[...중략]

* * *

The best accomplishment is a steady lessening of
negative emotions.
최선의 성취는 부정적인 감정(번뇌)이 꾸준히 감소하는
것이다.

The best sign of practice is a steady decrease
of desires.
최선의 수행의 증표는 탐욕의 꾸준한 감소다.

The best generosity is nonattachment.
최선의 보시는 탐내지 않는 것(무탐)이다. [해학적 표현]

The best discipline is to pacify the mind.
최선의 지계는 마음을 평온하게 하는 것이다.

The best patience is to keep a humble position.
최선의 인욕은 겸손한 입장을 유지하는 것이다.

070 최선의 정진은 무위다!

The best diligence is to give up activities
최선의 정진은 행위(정진)를 버리는 것(무위)이다.

The best concentration is not to alter the mind.
최선의 선정은 마음을 조작하지 않는(있는 그대로) 놔두는 것)이다. 〈무개조(조작)의 지혜

071 공성 - 엄청난(무한한) 지혜의 공간

Since it is known that all dharmas are marked with emptiness, therefore all dharma is marked with openness, at the same time. There is tremendous room to work with chaos or confusion. - *Chogyam Trungpa*

모든 법의 특징은 공성이다. 그러므로 모든 법은 열려있다, 동시에. 그래서 엄청난 여지(지혜의 공간)가 있어서 혼돈이나 혼란 [같은 문제들]을 [쉽게] 다룰(처리할) 수 있다. - 최걈 뚱빠

(표현) to work with = deal with ~을 다루다, 처리하다

072 지혜의 공간 만들기 - 경험 버리기 <마음 비우기

If you experience something and then disown that experience, you provide a space between that knowledge and yourself, which permits it simply to take its course. Disowning is like the yeast in the fermentation process. That process brews a state of mind in which you begin to learn and feel properly. - *Chogyam Trungpa*

만일 우리가 어떤 것을 경험하고 나서 그 경험을 버리면, 그 경험과 우리 사이에 공간을 제공하여, 그것이 허락한다, 그것이 단지 지나가도록. 경험을 버리는 것은 효모와 같이, 발효과정에서 작용한다. 이 과정이 마음의 상태를 발효시켜 우리는 배우고 느끼기 시작한다, 제대로. - 최걈 뚱빠.

073 자비의 터전 - 공성

In order to have an affectionate attitude to somebody else, you have to be without ground to begin with. Otherwise you become an egomaniac, trying to attract people out of your seduction and passion alone.

Compassion develops from shunyata, emptiness, or nonground, because you have nothing to hold on to, nothing to work with, no project, no personal gain, no ulterior motives. Therefore, whatever you do is a clean job, so to speak. So compassion and shunyata work together. - *Chogyam Trungpa*

누군가 다른 사람에 대해 사랑하는 태도를 가지려면, 우선 (자기) 터전이 없어야한다. 그렇잖음 우리는 에고광으로 사람들을 끌려고 한다, 유혹과 열정만으로.
자비심이 일어나는 원천은 슈냐따, 공성, 또는 [자기] 터전 없음이다, 왜냐면 우리는 아무것도 매달릴 거, 아무것도 작업할 프로젝트, 개인적인 얻을 것, 숨은 동기가 없어야하기 때문이다. 그래서 우리가 무얼 하든 그것은 청정한 작업이다, 말하자면. 그래서 자비심은 슈냐따와 함께 작용한다. - 최걈 뚱빠

(표현) to attract people out of your seduction and passion alone 사람들을 끌다, 유혹과 열정만으로

to begin with 우선, 시작으로

to hold on to ~에 매달리다

so to speak 말하자면, 이를테면

074 문제해결의 첫 단계 - 조사

075 속제 → 진제

When there is physical pain, there is also a kind of mental irritation connected with it. And this mental irritation, this "pain," is something we build up unnecessarily with the hope of getting rid of the physical pain. In fact, this produces even more pain. Pain may make us feel that we are shut in, that we are helpless, that we have to contact the doctor, that we have to have medicine, that we have to do something about our pain. So there is a continual search for relief, a running after something, rather than first just examining, questioning, seeing pain for what it is. "Where did this pain come from?" "What actually is it?"

When a person is able to see with faith in oneself, rather than asking for help all the time, perhaps then one might do something to help oneself. Until one develops that kind of self-confidence and understanding of the positive element in oneself and one's experience, it is very difficult to see the true pattern of relative truth, which also contains the absolute.

Perhaps after a certain incident, you find your whole pattern of life changed: through an accident, a severe illness, or going through a war, you realize that there is something profound happening. When one no longer thinks of the pain as something separate from oneself, then one finds something familiar in it, something to be learned from it. In this way, suffering acts as a vehicle, and one realizes that there is a positive element in it. - *Chogyam Trungpa*

신체적 통증이 있을 때, 또한 일종의 마음의 통증이 관련되어 있다. 이 "통증"은 우리가 쌓아올린다, 불필요하게, 신체의 통증을 제거하려는 희망 때문에. 실은, 이것이 더욱더 많은 통증을 만든다. 통증이 우리들을 느끼게 만들 수 있다, 우리가 통증에 갇혀있고, 어쩔 수 없다고. 그래서 우린 의사와 접촉해야 하고, 약을 구해야한다고. 우린 우리의 통증에 뭔가 해야 한다. 그래서 계속해서 찾는다, 통증을 완화해보려고, 뛰어다니면서 뭔가 찾으려 한다. 대신에 먼저 조사해보고, 질문해보고, 통증이 어떤 것인지 알아보려 고는 하지 않는다. "어디서 이 통증이 나왔는가?" "실제로 이것은 무엇인가?" 어떤 사람이 자기 자신에 대한 믿음을 갖고 볼 수 있다면, 노상 도움만 요청하지 말고, 아마도 그러면 어떤 것을 해서 자기 자신을 도울 수 있을 것이다. 우리가 일종의 자신감과 자기 자신에 대한 긍정적인 요소와 자신의 경험에 대한 이해로 아주 어렵겠지만 상대적인 진실(속제)의 실상을 보게 될 것이다. 여기에는 또한 궁극적인 진실(진제)이 들어있다.

어쩌면 어떤 불상사 후에, 우리의 전체 생활유형이 변했을 것이다, 사고나 심한 질환이나 전쟁을 겪느라. 우리는 깨닫는다, 어떤 심오한 것이 일어나고 있다는 것을. 우리는 더 이상 생각하지 않는다, 그 통증이 우리들 자신과 분리된 것으로. 이제 보니 여기에는 뭔가 친숙한 것, 뭔가 배울 것이 있다. 이런 식으로, 괴로움은 깨달음의 수레로 작용한다. 우리는 깨닫는다, 거기엔 긍정적인 요소가 있다는 것을. - 최걈 뚱빠

* * *

(표현) There is a tendency to (do ~)

= They tend to (do ~)

= They generally/often (do ~)

그들은 일반적으로/흔히 (한다 ~)

involved with ~와 연관된

076 **공포**(마음의 안정 상실) → **공황장애**

Psychological stress activates the fear center in the brain, / setting into motion a cascade of reactions / that can lead to heart attacks and strokes.

심리적인 스트레스는 두뇌의 공포 센터를 작동시켜, 폭발적인 반응을 일으켜서 심장발작과 뇌졸중을 가져올 수 있다.

(표현) to set into motion = activate 작동시키다

to lead to ~라는 결과를 가져오다, 그 결과로 ~가 발생하다

* * *

이럴 때 시급한 것은 공포에 빠지지 않는 것이다. 왜냐면 심한 두려움에 사로잡히면 지혜로운 사고와 판단을 할 수 없기 때문이다. 이제 마음의 여유를 갖고 차분하게 문제의 원인을 찾아서 처리하는 것 - 이것이 현명한 이들이 문제에 대처하는 방법이다.

* * *

077 삼세(과거-현재-미래)의 동일성→죽음의 공포로부터 해방

Through abiding in equality of the three times,

Mind is without cause for birth or death. - *Milarepa*

(표현) to abide in ~에 머무르다

삼세(과거-현재-미래)가 동일하다는 것에 머물음으로써,

마음은 태어나거나 죽을 원인이 없다. - 밀라레빠

수행은 익히는 공부다. 몸과 마음, 자신의 존재 전체가,

배운 것을 완전히 체득할 때까지!

078 달마의 핵심 - 귀하게 여기기와 실천하기

Genuine understanding comes about only through
practicing the teachings.
진정한 이해가 일어나는 것은 오로지 가르침의 실천을
통해서일 뿐이다.

Intense study brings only some understanding.
Practice, however, brings about great
understanding. - *Atisha*
열렬한 연구가 가져오는 것은 약간의 이해뿐이다.
그러나 실천은 큰 이해를 가져온다. - 아띠쌰

(표현) to come about ('우리 주위로 오다')
일어나다 [자동표현]
to bring about ('우리 주위로 가져오다')
일어나게 하다 [타동표현]

* * *

By cherishing seeing the instructions as
nectar, decisive understanding arises. - *Dampa*
구결을 감로수로 귀하게 여기면, 결정적인
이해가 일어난다. - 달마대사

079 지혜의 작용 - 일체의 본성은 공성임을 파악하는 것!

Whatever appearances of suffering arise,
Look at their essence
And they will spontaneously subside.
This is the holy instruction of calming suffering.

무엇이든 고통처럼 보이는 것들이 일어나면
그것들의 핵심(본성, 공성)을 바라보도록 하라.
그러면 그것들은 저절로 진정된다.
이것이 고통을 진정시키는 성스러운 구결이다.

If one does not have good residual karma
from the practice of previous lives, he
does not understand the Dharma.

전생의 수행으로부터 얻은 선업(善業)이 남아있지
않은 사람은 달마, 불법(佛法)을 이해하지 못한다.

[자기반성자료]

080 세 가지 감로수 명상

Whenever we eat or drink, we should first understand and think:

우리는 먹거나 마실 때마다, 먼저 이해하고 생각해야 한다.

* * *

For enlightened beings all food and drink are supreme nectar, which possess three special qualities:
(1) it is medicine nectar that cures sickness,
(2) it is life nectar that prevents death, and
(3) it is wisdom nectar that pacifies delusions.

깨달은 분들에게 모든 먹을 것과 마실 것은 최상의 감로수로서, 세 가지 특질을 갖는다.
(1) 그것은 의료 감로수로서 질병을 치료하고,
(2) 그것은 생명 감로수로서 죽음을 예방하며,
(3) 그것은 지혜 감로수로서 번뇌를 진정시킨다.

081 자기 세계의 주인은 자기 자신 - 주인노릇의 중요성

주인 노릇: 자제력의 이익과 자제력 부족의 불이익

Children who have good self-control early in life are more likely to grow into healthy, financially secure, and trouble-free adults than those with poor self-discipline.

(문맥) good self-control ↔ poor self-discipline
(self-discipline = self-control)

어린이들이 어릴 때에 자제력이 좋으면 자라서 건강하고 경제적으로 안정되며, 골치 거리를 겪지 않는 어른이 될 가능성이 더 많다, 자제력이 부족한 아이들보다.

A study showed that those with low self-control had about three times as many months of unemployment as the highly self-controlled.

어떤 연구에 의하면 자제력이 낮은 사람들은 약 3배나 실업 개월 수가 많다고 한다, 자제력이 높은 사람들보다. (문맥) the highly self-controlled ↔ those with low self-control

자기-지배(Self-control → control of all 일체-지배(통제)

Losing self-control → other-controlled

자기-지배(자제) 상실 → 타자-지배받음

* * *

삼학 – 계, 정 혜

Discipline[지(계)]-Concentration[선(정)]-Wisdom[지(혜)]

자기를 다스려야 선정에 들어갈 수 있고, 선정에 들어가야 지혜를 기를 수 있다.

자제력이 부족하면, 남들에게 엄청난 해를 끼칠 수 있을 뿐만 아니라 절망과 심한 우울감에 빠져 자기 자신에게도 큰 해를 끼칠 수 있다.

* * *

세상의 모든 중생들 중에서
누가 가장 깊이 고통을 겪는가?
그건 자제력이 없고
번뇌에 압도당하는 사람들이다. – 제7대 달라이 라마

082 명상의 목적 - 실재(공성)에 대한 기억, 알아차림을 증가시키는 것

Why does Buddhism put so much emphasis on meditation? It's because our mind is so gross and our memory so poor that we forget things easily and cannot recall our countless lives' experiences.

왜 불교가 명상을 이토록 많이 강조할까? 그건 우리들의 마음이 너무 거칠고 너무 빈약해서 우리가 쉽게 잊어버리고 우리의 무수한 전생의 경험들을 기억하지 못하기 때문이다.

The purpose of meditation, therefore, is to increase, or develop, our memory, or mindfulness, of reality. - *Lama Yeshe*

명상의 목적은, 그러므로, 실재 reality, 진실(공성)에 대한 우리들의 기억, 혹은 알아차림을 증가시키거나 개발하는 것이다. - 라마 예세

083 이원적인[소승의] 알아차림 통합적인[대승의] 앎(각성)

The hinayana level of intelligence is mindfulness. I suppose we could say that the prajna level that comes then is awareness. which is greater than just being mindful of particular things...

소승 수준의 지혜가 알아차림이다. 내가 생각하기에 우리는 이렇게 말할 수 있다, 반야(대승) 수준에 오면 이것은 각성(전체적인 의식)이다, 이것은 특정한 것들에 대해 단순히 알아차리는 것보다 더 크다...

Mindfulness is sometimes called "recollection" (smriti in Sanskrit), which does not mean recollecting the past, but recollecting what is happening here now. In the actual, real, final prajna, awareness becomes all-pervasive. - *Chögyam Trungpa*

(표현) mindful of particular things -
all-pervasive (= mindful of all things)

알아차림을 때로는 "회상"이라고 하는데, 이것은 과거를 회상하는 것을 의미하는 것이 아니라, 지금 여기에서 벌어지고 있는 것을 회상하는 것이다. 실제의, 진정한, 최종적인 반야에서, 각성은 모든 것에 미치는('모두에게 퍼지는')전체적인 것이다. - 최걍 뚱빠

Practicing mindfulness in Buddhism means to perform consciously all activities, including everyday, automatic activities such as breathing and walking, and to assume the attitude of "pure observation," through which clear knowledge, i.e., clearly conscious thinking and acting, is attained. The intention of mindfulness practice is to bring the mind under control and to a state of rest.

(표현) attained = performed

불교에서 알아차림을 실천하는 것이 의미하는 것은 의식적으로 모든 활동을 하는 것인데, 여기에는 날마다 자동적으로 하는 호흡과 걷기가 포함되며 "순전히 관찰하는" 태도를 취하여, 분명히 알고 행하는, 다시 말해, 분명히 의식적인 사고와 행동이 이루어진다. 의식적인 활동의 의도는 마음을 통제하여 쉬는(안락한) 상태로 가져오는 것이다.

(주의) 의식적인 활동은 지혜의 작용이므로 몸과 마음을 편안하게 해준다.

084 방일에서 불방일로 나아간 사람들

One who lacks self guidance

And later possesses mindfulness

Is like a radiant moon being freed from clouds,

For example, Nanda, Angulimala, Ajatashatru,

and Udayana. - *Nagarjuna*

(문맥) self guidance = mindfulness. possess ↔ lack (= do not possess).

어떤 사람이 자기 마음을 지켜보지 못하다(放逸 방일하다)가 나중에 잘 지켜보게(不放逸불방일하게) 되면 구름에서 벗어난 빛나는 달 같네. 예를 들어, 난다, 앙굴리말라, 아자따샤뜨루, 우다야나 같이. - 나가르주나

* * *

종교의 역사를 보면 엄청난 악업을 지은 뒤 좋은 스승을 만나 참회하고 수행하여 성인이 된 분들이 무수히 많습니다. 예를 들어, 밀라레빠는 36분을 죽게 만들었고, 앙굴리말라는 무려 999명을 살해했답니다.

붓다의 충고

As you walk and eat and travel, be where you are, otherwise you will miss most of your life.

그대가 걷거나 음식을 먹거나 여행할 때, 그대가 있는 곳에 있으라(그대의 마음을 두라). 그렇지 않으면, 그대는 그대의 인생의 대부분을 놓칠 것이다.

085 본래대로 여기 있기 - 본래의 안락 즐기기

Pain causes a lot of chaos and resentment,
and we have to overcome that. It is an
extremely simple logic. Once we can overcome
pain, we discover intrinsic joy, and we have
less resentment toward the world and ourselves.
By being here, naturally being here, we have
less resentment. Resentment is not being here.
We are somewhere else, because we are
preoccupied with something else.
When we are here, we are simply here -
without resentment and without preoccupation.
And by being here, we become cheerful. - *Trungpa*

고통이 많은 혼란과 분개를 가져온다. 우린 이것을 극복해야 한다. 이것은 지극히 간단한 논리다. 일단 고통을 극복할 수 있으면, 우린 본래의 안락을 발견한다. 그러면 우리는 더 적은 분개를 갖는다, 세계와 우리들 자신에 대해. 여기에 있음으로써, 본래대로 여기에, 우리는 더 적은 분개를 갖는다. 분개는 여기에 없는 것이다. 우리가 어딘가 다른 곳에 있는 것은, 어떤 다른 것에 사로잡혀있기 때문이다. 우리가 여기 있을 때, 단순히 여기 있으면서, 분개와 사로잡힘이 없으면, 우린 안락해진다. - 최걈 뚱빠

086 도착지(결과)에서 출발(시작)하기 - 금강승의 길 (해학적) 웃어요, 신나게 하하 호호!

I ask not good fortune. Henceforth
I myself am good fortune. - *Walt Whitman*

나는 행운을 달라고 하지 않네. 이제
나 자신이 행운이니까. - 월트 휘트먼

There is the most effective way toward bird watching : be the bird!
가장 효과적인 방법의 조류 관찰은 새 자체가 되는 것이다.
복을 받으려고 기도하지 말고, 당신 자신이 복이 되라. 그럼 당신은 세상의 모든 성인(聖人)들의 복 에너지(공덕)와 합쳐져 남들에게도 큰 복이 될 테니까.

* * *

대상이 없는 사랑보다 더 큰 사랑은 없네. 왜냐면
그럼 그대가, 그대 자신이, 사랑 자체가 되니까. - 루미 *(Rumi)*

대상이 없는 사랑 = 대상을 초월한 사랑 =
무조건적인, 보편적인[전체적인] 사랑 = 대자

087 사랑하는 사람 말고, 사랑 자체가 되라! - 사랑 자체가 되는 사람에겐 사랑의 기쁨만 있을 뿐, 이별의 아픔 같은 건 없을 것이다

It is no use walking anywhere to preach unless
our walking is our preaching. - *Francis of Assisi*

어딜 가서 설교해야 소용없다, 우리가 걸어가는
것 [삶] 자체가 설교가 아니면. - 아시시의 프란치스코

You cannot travel the path until you become
the path itself. - *Buddha*
너희는 깨달음의 길을 걸을 수 없다, 너희들 자신이
그 길 자체가 되기 전까지. - 붓다

088 명상은 (통합적인) 경험 과정이지, (이원적인) 배움의 과정이 아니다

Meditation should not be regarded as
a learning process. It should be regarded as
an experiencing process. You should not try to
learn from meditation but try to feel it.
Meditation is an act of nonduality. The technique
you are using should not be separate from you;
it is you, you are the technique. Meditator and
meditation are one. There is no relationship
involved. - *Chögyam Trungpa*

명상은 배우는 과정으로 간주돼서는 안 된다. 그것은
경험하는 과정으로 간주되어야한다. 우리는 명상으로부터
배우려고 하지 말고 그걸 느끼려고 해야 한다. 명상은
둘이 아닌(불이의) 행위다. 우리가 사용하는 기법은
우리로부터 분리되어서는 안 된다. 그것은 우리다.
우리가 그 기법이다. 명상자와 명상은 하나다.
거기에는 어떤 관계도 연관되어있지 않다. - 최걍 뚱빠

089 가장 빨리 건강을 회복하는 비결 - 생명의 본성은 건강이라는 인식개발

When someone is ill,
there has to be more emphasis on
creating an atmosphere of health.
Sickness is a message, and it can be cured
if the right situation is created. Mind reflects
body, and body is affected by the atmosphere.
The idea is recovering rather than being
cured of a particular disease. Basically, what
we are talking about is connecting with a
general sense of healthiness, or intrinsic
goodness, in your state of mind. - *Trungpa*

(문맥) illness = sickness = disease ≠ health = healthiness. Mind reflects body = Mind is affected by body

누군가 병들었을 때,
더 강조돼야 할 것은 건강의 분위기를 만드는 것이다. 질병은 메시지이니, 그것은 고칠 수 있다, 적절한 분위기를 만들면. 마음은 몸을 반영하고 (마음은 몸의 영향을 받고), 몸은 분위기의 영향을 받는다. 중요한 것은 (건강의) 회복이다, 어떤 특정한 질병을 고치는 것이라기보다. 근본적으로, 우리가 얘기하는 것은 우리들의 마음 상태의 건강성 또는 내재적(선천적)인 선이라는 전반적인 인식과 결합하는 것이다. - 최갼 뚱빠

(명심) 생명의 본성은 건강과 사랑이며, 이는 이미 그대 안에 들어있으니 밖에서 찾으려하지 말라!

090 건강의 필수조건

혈액이 잘 흐르고(맑고), 심장에 문제가 없으며, 신장 (콩팥)이 건강한 것!

Diabetes, Heart Problems 당뇨병, 심장 질환은 혈액흐름에 장애를 가져오고., 신장 질환은 혈액정화를 해친다.

Eating meat is linked to diabetes,
new studies suggest.
육식은 당뇨병과 연관이 있다고
새로운 연구들이 주장한다.

Heavy Drinking Is Tied to Worse Strokes, Study Finds
폭음은 더 나쁜 뇌졸중과 관련 있다고 한다, 연구에 의하면

If you purify the life-supporting wind, you will overcome illness, son! - *Dampa*

만일 네가 생명을 지원하는 바람(지명풍)을 정화하면, 너는 질병을 극복할 것이다, 아들아! - 달마대사

Walking a Few Thousand Steps a Day May Reduce Alzheimer's Risk.
하루에 2, 3천보 걸으면 치매 위험이 감소될 수 있다.

091 운동은 생명 에너지를 활발하게 만든다

More Teens Are Taking Antidepressants.
It Could Disrupt Their Sex Lives for Years.
더 많은 십대들이 항우울제를 복용하고 있다.
이것은 그들의 성생활을 수년간 방해할 수 있다.

Ultraprocessed Foods Are Linked to Colorectal Cancer Risk in Women Under 50
The study's findings track with recent research on the alarming rise of the cancer in younger adults.

초가공식품은 50세 이하 여성들의 직장암 위험성과 연관이 있다
최근 연구에 의하면 젊은 여성들의 직장암이 경악할 정도로 증가했다고 한다.

092 모든 붓다들을 대표하는 - 삼(3)대 보물

I pray to Avalokiteshvara - the great treasure of inconceivable love,
관세음께 기도합니다, 막대한 보물 불가사의한 사랑(대자대비)를 갖추신 분.
만뜨라: 옴 마니 반메/빠메 훔 OM MANI PADME HUM

(용어) inconceivable('상상/생각할 수 없는') 관념을 초월한 (초월적인, 무연의), 불가사의한

* * *

To Manjughosha - the immaculate faculty of knowledge,
만주고샤(문수)께 기도합니다, 청정무구한 지혜를 갖춘 분,
만뜨라: 옴 아 라 빠 짜 나 디 OM A RA PA CA NA DHIH

To Vajrapani - the conqueror of an entire army of demons.
바즈라빠니께 기도합니다, 일체마군의 정복자.
만뜨라: 옴 바즈라 빠니 훔 펫 OM VAJRA PANI HUM PHAT

093 세상에서 가장 방대하고 안락한 쉼터

꼐(Kye)!
남들의 이익을 위해
나는 여행하며 가르치는 척 했네.
매일 이곳저곳으로 이동하며. 허나 나는 결코
지치지 않네. 밤의 긴 기간 동안 나는 「알아차림의
경로」를 떠나지 않고. 걸림 없이 움직이는 하늘의
태양처럼 빛나는 진실(실재), 공성 속에서 쉬기
때문이네. - 제3대 달라이 라마

(조언) 공성보다 더 방대하고 안락한 쉼터는 없으니
잠이 오지 않거나 괴로울 때 자주 이용해보세요.

094 걸림 없는 지혜 터전 - 공성

With the understanding of emptiness, the light of dharma shines through constantly, because there is nothing to defeat; there are no ideas to be defeated by. So the proclamation of dharma is fearless. - *Chogyam Trungpa*

공성의 이해로, 달마의 빛이 발산한다, 끊임없이. 왜냐면
물리칠 대상(객체)도 물리쳐질 생각(주체)도 없으니까.
그래서 달마(불법)의 선언은 두려움이 없다. - 최걈 뚱빠

095 타종교에 대한 수행자의 바른 태도

Mahasiddhas are beyond religious identity.

- *Swami Chetanananda Saraswati*

대성취자들은 종교적인 소속(신분)을 초월한다.

- 스와미 체따나난다 싸라스와띠

If you practice dharma with partisanship,

that is a faulty path! - *Padampa Sangye*

만일 우리가 달마 수행을 종파적으로 한다면,

그것은 그릇된 (깨달음의) 도(道)다! - 달마대사

(명심) 어떤 것을 읽을 때 중요한 것은 그것을 얼마나 이해하느냐가 아니라 거기서 자기가 배울 수 있는 것이 무엇인지 알아보는 것이다. 그리고 다른 종교에 대해 배타적인 태도를 갖는 것은 배움을 통해 자기 자신을 성장시킬 수 있는 소중한 기회를 스스로 빼앗는 어리석은 것이다.

모든 것에 문을 열어놓고 아무것에도 얽매이지 않는 것 - 진실로 지혜로운 분들은 자기 자신에게도 불이익을 주지 않는다. 그것도 세상에 불이익을 주는 거니까!

096 진실(실재)과 거짓(비실재)의 차이 - 엄청남(무한)

What is truth?

The truth is what brings happiness. - *Nagarjuna*

무엇이 진실인가?

진실[존재의 기반]은 행복을 가져오는 것이다. - 나가르주나(용수보살)

That which is false troubles the heart,

but truth brings joyous tranquillity. - *Rumi*

거짓[분열]은 마음을 동요시키나, 진실[통합]은

마음을 기쁘고 평온하게 만드네. - 루미

097 당신의 마음속엔 어떤 독이 들어있는지 조사해보세요

삼(3)독: 탐욕(탐), 미움(진), 어리석음(치)

오(5)독: 탐, 진, 치 + 오만(만), 질투(질)

1 애착(탐)을 치료하려면, 더러운 것을 생각해라.

2 미움(진)을 치료하려면, 자애(loving-kindnness)를 생각해라.

3 무지(치)를 치료하려면, 연기(緣起)를 생각해라.

4 질투(질)를 치료하려면, 자타평등수행을 해라.

5 오만(만)을 치료하려면, 자기 자신과 남들 바꾸기 수행을 해라.

6 번뇌와 분별심이 동등(疑의)할 때는, 자신의 호흡을 관찰하는 수행을 해라.

붓다께서 아드님 라훌라에게 가르쳐주신 놀라운 치료법(부정적인 에너지를 긍정적인 에너지로 녹이기)

자(慈)를 실천하여 분노를 극복해라, 라훌라야.

자는 남들에게 행복을 가져다주면서 대가로 아무것도 요구하지 않는다.

비(悲)를 실천하여 무자비를 극복해라.

비는 남들의 고통을 없애고 대가로 아무것도 기대하지 않는다.

수희(喜)를 실천하여 미움을 극복해라.

기뻐함이 일어나는 것은 우리가 남들의 행복을 기뻐하고 남들에게 안녕과 성공을 바랄 때다.

버림(사捨)을 실천하여 편견을 극복해라.

버림은 모든 것을 허심탄회하게 평등하게 바라보는 방법이다. 이것이 있는 것은 저것이 있기 때문이다. 나 자신과 남들은 둘이 아니다. 어느 하나를 버리고 다른 것을 좇지 마라.

나는 이것들을 네 가지 무량한 마음(사무량심(四無量心)이라 부른다. 이것들을 실천해라, 그러면 너는 남들을 위한 활력과 행복의 신선한 원천이 될 것이다."

98 영원한 젊음의 비결 - 심오한 깨달음의 지혜

일념으로 헌신하는 마음으로 절을 올립니다,
언제나 젊은 문수사리(Manjushri) 스승님, 최상의 붓다,
마음의 의사로 모든 중생들의 모든 질병 고쳐주시고
그들에게 행복과 선(善)을 가져다주시며, 모든 것을 아는
지혜(一切智 일체지)로 가득 찬 달(月)로서 윤회세계의
모든 불완전의 허물을 영원히 버리신 분. - 제7대 달라이 라마

문수(사리)는 지혜의 보살이다. 그가 오른 손에 들고 있는 칼은 모든 것이 근본적으로는 독립적으로 존재하지 않는다(공空하다)는 것을 나타내며, 이 깨달음은 자아의 성품(공성)에 관한 무지의 뿌리 자체를 잘라내 준다. 그리고 그가 왼 손에 들고 있는 책은 이 심오한 깨달음을 불러일으키는 방법들에 대한 지식을 나타낸다.

그가 "언제나 젊은이"라 불리는 것은 이 지혜를 통해 우리가 영원한 행복을 주는 영원한 지식을 얻기 때문이다. 이것은 이 지혜를 얻는 사람에게 기쁨에 가득 찬 열성과 16세 젊은이의 활력을 주기 때문에 "언제나 젊은"이라 불린다. 그가 또 "최상의 붓다"라 불리는 것은 이 지혜가 최상의 해탈을 가져오기 때문이다.

그가 모든 중생들에게 만병통치약 같은 역할을 하는 것은 이 지혜가 마음의 고뇌(번뇌)를 치유해주고, 조건들이 모여

이루어진 모든 존재의 고통을 치유해주기 때문이다.
이것을 만병통치약이라 부르는 것은 이 치유가 우리들의
삶의 모든 영역에 미치고, 모든 세속과 수행의 문제에서
자아를 초월하는 지혜의 이익을 주기 때문이다.

099 수희찬탄 공덕

모든 선(善)을 껴안는
탁월한 행위는 무엇인가?
그건 자신의 마음 깊은 곳으로부터
자기와 남들의 선을 기뻐하는 것(隨喜수희)이다. - 제7대 달라이 라마

수희찬탄의 엄청난 이익(공덕)

100 칠지기도(Prayer of seven limbs)

1 제 몸과 말, 마음으로, 겸허히 절을 올리며,
2 실제로 그리고 관상(상상)으로 공양을 올립니다.
3 무시이래 제가 지은 모든 악업을 참회하며,

4 모든 이들의 공덕에 기뻐합니다.

5 부디 윤회의 세계가 끝날 때까지 머무시며

6 저희들을 위해 법륜(가르침의 바퀴)을 굴려주십시오.

7 저는 모든 공덕을 완전한 깨달음에 회향합니다.

칠지기도의 놀라운 이익

1 예경(절)은 오만(만)을 치료해주고,

2 공양을 올리는 것은 탐욕(탐)을 치료해주며,

3 악행을 인정하고 고백(참회)하는 것은 미움(진)을 치료해주고,

4 남들이 하는 선행을 기뻐하는 것은 질투심(질)을 치료해주며,

5 가르침을 청하는 것(請法청법)은 어리석음(치)을 치료해주고,

6 불보살님들께 세상에 머물러 달라고 청하는 것은 상견(常見: 자아가 독립적으로 존재한다고 생각하는 견해)을 치료해주며,

7 공덕을 남(중생)들에게 회향하는 것은 완전한 깨달음으로 인도해준다.

* * *

이 수행을 통해 마이뜨레야(Maitreya(미륵보살)는 완전한 깨달음을 성취했다고 하니 이 수행의 공덕이 얼마나 큰지 짐작할 수 있을 것이다.
불보살님들에게 올릴 마땅한 물건이 없을 때는 마음속으로 귀한 것들을 상상으로 우주에 가득 채워 공양 올려도 엄청난 공덕을 얻을 수 있다. 금강승 수행자들의 세계에는 상상(관상)도 귀중한 자원이다.

101 기뻐해야 할 것과 하지 말아야 할 것

남들이 한 좋은 일을 기뻐하면 자기 자신도 같은 공덕을 얻는데, 질투하면 악업만 지을 뿐이다. 그리고 남들이 살인 같은 끔찍한 일을 저질렀을 때 그걸 보고 기뻐하면 자기 자신도 같은 과보를 받게 된답니다.

102 마음만으로 공덕 짓는 법

남들에게 유익한 행동을 실제로 하지 않더라도, 남들에게 유익하고 싶다고 소망하는 것만으로도 허공처럼 방대한 공덕 쌓을 수 있네.

– 샨띠데와(*Shantideva*)

103 진정한 독립 - 관념으로부터 독립

Physical isolation is not real solitude. The supreme solitude is freedom from (grasping at) characters (or objective images) and mental concepts.

- Saraha's consort to Saraha

물리적인 독립은 진정한 독립이 아닙니다. 최상의 독립은 벗어나는 것입니다. 상像(또는 객관적인 이미지)와 관념으로부터. - 사라하의 짝이 사라하에게

Saraha 뿐만 아니라 많은 수행자들을 대성취자로 인도한 분들이 바로 여성 성취자 도우미, 다끼니(dakini)들이었습니다.

104 공허감(허전함)에 대한 처방

정서적 공허 : 낮은 자존감, 부정적인 신체 이미지, 실패와 좌절감 등에 대해 가슴(heart)을 아름다움과 기쁨, 자애(love)와 연민(compassion)으로 채움

정신적인 공허 : 마음을 평등심(equanimity)과 자기 각성의 지혜(self-awareness), 성스러움으로 채움

공허감(허전함 hollowness)과 밀접한 관련이 있는 것이 소중함(preciousness)과 대조되는 무의미감(the sense of meaninglessness)이다.

이런 공허감을 해결하지 않으면 그것을 채우기 위해 몸이 암 같은 것을 성장시켜 채우려할 수 있다. 몸과 마음은 본래 가장 깊은 수준에서 한 덩어리이기 때문이다.

105 두려움으로부터 보호해주기 - (무외시)의 중요성

재보시, 법보시도 중요하지만, 무외시가 매우 중요한 이유는 갑자기 공포에 빠지면 지혜로운 사고와 판단을 할 수 없기 때문이다.

Transform dry, intellectual knowledge into an organic experience of insight. - *Lama Yeshe*

106 건조한, 지적인 [간접적, 이원적] 지식을 유기적 (생생한) [직접적, 통합적] 통찰의 체험으로 전환하라 - 라마 예세

107 죽음과 출생(환생) - 생각 - 순간의 차이

The difference between death and birth is only
a thought-moment: the last thought-moment
in this life conditions the first thought-moment
in the next life.

죽음과 태어남 사이의 차이는 한 생각-순간일 뿐이다.
금생의 마지막 생각-순간이 다음 생의 첫 생각-순간을
결정한다.

During this life itself, one thought-moment
determines the next thought-moment. - *Walpola Rahula*
금생 자체 동안에도, 한 생각 - 순간이 다음 생각 -
순간을 결정한다. - 월폴라 라훌라

108 공성에 대한 형이상 - 형이하학적 [수직적] 접근법

With loha-rajas (金塵) as the zero base of matter, above which can be called physical, and below which metaphysical, then 'form is but sunyata and sunyata but form(色卽是空 空卽是色)' can easily illustrate that the two (form and sunyata) are not originally two but one (reality).

- *Great Korean Master Geumtha*

금진(티끌)을 물질의 zero 기반으로 삼고, 그 위는 형(形)이상학적이라 부르고, 아래는 형이하학적이라고 하면, '형(色색)이 곧 공(空), 공이 곧 형이라는 것'을 쉽게 설명할 수 있다. 이 둘(형과 공)이 본래 둘이 아니라 하나(法性법성=實相실상)이다. - 금타(金陀) 대화상

형(色색)이상以上: 물질이 존재하는 차원 + 형이하以下: 물질이 존재하지 않는(부재한, 空공한) 차원 = 하나(의 수직선). 위로부터 시작해서 아래로 보면: 색 → 공 (색즉시공色卽是空) - 아래로부터 위로 보면: 공 → 색(공즉시색空卽是色).

109 양자역학이 보여주는 것 - 우주가 하나라는 것

Things, in the quantum world, do not happen
in steps.
They happen immediately."
사건들이, 양자역학 [미시세계] 세계에서는, 단계로
일어나지 않는다. 이들은 즉각 일어난다.

According to quantum mechanics, two particles
can be paired and separated, yet remain
intimately and instantly connected across vast
distances. One particle will affect the other
no matter how far apart they are.
양자역학에 의하면, 두 입자가 결합되고 분리될 수 있다.
그러나 친밀하게 즉각적으로 결합된 상태에 남아있을
수 있다, 아무리 멀리 떨어져있어도. 한 입자는
다른 입자에게 영향을 준다, 아무리 멀리 떨어져 있어도.

Quantum physics thus reveals a basic oneness
of the universe. - *Erwin Schrodinger*
양자 물리학이 그리하여 보여주는 것은 근본적으로
하나라는 것이다, 우주(존재전체)가. - 어윈 슈뢰딩어

110 우리들의 정체 - 오대(물질) - 오불(붓다)

모든 존재는 다섯 가지 위대한 요소(五大오대: 地지, 水수, 火화, 風풍, 空공)로 구성되어있다.

오대(五大) [물질] = 오불(五佛 다섯 붓다) [인간]

오대는 우주의 물질적 표현이고, 오불은 우주의 인격적 표현이다.

- 금타(金陀1898-1948) 대화상

방향	오대	오광명	오불	오혹(五惑)	오지(五智)
중앙	공(空)	백(白)	대일여래(大日如來)	무지	법계체성지
남방	지(地)	황(黃)	보생여래(寶生如來)	아만	평등성지
동방	수(水)	청(靑)	아촉여래(阿閦如來)	분노	대원경지
서방	화(火)	적(赤)	미타여래(彌陀如來)	탐욕	묘관찰지
북방	풍(風)	녹(錄)	불공여래(不空如來)	질투	성소작지

물질적으로 우린 모두 우주의 가족이고, 인격적으론 붓다의 가족이다.

* * *

나가르주나 존자(용수보살)에 의하면, 티끌 하나에도 무수한 부처님들이 춤추고 있다고 한다, 무명(무지)의 잠에 빠져있는 중생들을 깨우기 위해.

광명진언 <오불의 오지(五智)의 오광명(五光明)

옴 아모가 [불공여래] 바이로차나 [대일여래] 마하
무드라 [아촉여래] 마니[보생여래] 빠드마
[미타여래] 즈왈라(광명) 쁘라와르따야 (전환) 훔

OM AMOGHA [AMOGHASIDDHI] VAIROCANA
MAHAMUDRA [AKSHOBHYA] MANI [RATNASAM-
BHAVA] PADMA [AMITABHA] JVALA (LIGHT)
PRAVARTAYA (TRANSFORMATION) HUM

* * *

옴 아미 데와 흐리 OM AMIDEVA HRIH [무량광불진언]
옴 아마라니 진따예 쏘화 OM AMARANI JINTAYE SOHA [무량수불진언]

* 우린 모두 무량한 광명과 무량한 수명의 존재다.

옴 바이로짜나 옴 OM VAIROCANA OM
옴 악쇼브야 훔 OM AKSHOBHYA HUM
옴 바즈라싸뜨와 훔 OM VAJRASATTVA HUM)
옴 아미따바 흐리 OM AMITABHA HRIH
옴 라뜨나쌈바와 뜨람 OM RATNASAMBHAVA TRAM
옴 아모가씻디 아 OM AMOGHASIDDHI AH

대자대비 관세음의 6자 진언("옴 마니 밴메 훔": 소리로 나타나신 관세음)을 한번만 낭송해도 붓다의 가르침 전부를 낭송하는 것과 같고, 이걸 낭송하면 악도에서 다시 태어날 가능성이 확고하게 차단된답니다.

당신에게 들리는 모든 소리를 이 진언으로 인식하면 당신이 받을 축복은 엄청날 것이며 나중에 죽은 뒤에 중음계(bardo)에서 무서운 소리를 들어도 아무 공포도 느끼지 않게 된답니다.

111 수행자의 자족한 삶 / 범부의 불만족한 삶

Having cultivated bad actions, what dread comes
to the heart of that person whose life is over?
악업을 쌓아온 사람은 얼마나 무서운 공포를 가슴으로 느끼게 될까, 죽을 때?

For that person who has become self-sufficient
in the long run, by relying on the eternal Dharma,
what divine delight is born at death! - Dampa

(표현) what dread comes to the heart of that person ↔ what divine delight is born.
whose life is over = at death 죽을 때

반면에 장기적으로 자족해오며 영원한 달마(가르침)에 의지해온 사람은 얼마나 붓다의 (수승한 기쁨)을 맛볼까, 죽을 때? - 달마대사

Liberation is only possible through realizing the basic unity of experience and emptiness. - *Tulku Urgyen Rinpoche*

해탈을 가능하게 만드는 것은 오로지 자기가 경험하는 것이 근본적으로 공성과 하나임을 깨닫는(체득하는) 것이다. - 뚤꾸 우겐 린뽀체

112 해탈로 이르는 길: 무(집)착

(자생自生 / 자멸自滅 / 자탈自脫)

The appearance of form cannot be stopped, but without definite grasping it is lucid self-appearance.

- *Machik Lapdron*

형상(色색)이 나타나는 것은 중단시킬 수 없으나, 거기에 확고하게 집착하지 않으면 그건 분명히 스스로 나타나 (스스로 사라지는 것)[공한 것이네]. - 마직 랍된

113 지혜의 작용 - 일체의 본성은 공성임을 파악하는 것

Whatever appearances of suffering arise,

Look at their essence

And they will spontaneously subside.

This is the holy instruction of calming suffering.

무엇이든 고통처럼 보이는 것들이 일어나면

그것들의 핵심(본성, 공성)을 바라보도록 하라.

그러면 그것들은 저절로 진정된다.

이것이 고통을 진정시키는 성스러운 구전 가르침

(구결)이다.

114 불교 최상의 지혜, 공성(空性) 명상의 핵심

Consider how all phenomena are like dreams,

And examine the nature of unborn awareness.

The opponent is freed on its own ground.

Place the essence of the path

In the sphere of the foundation of all. - *The First Dalai Lama*

어떻게 모든 현상(법法)이 꿈과 같은지(空공한지) 사유하라,

[법공法空 - 외부대상이 공하고)]

그리고 태어나지 않은(無生무생의) 의식(마음)의 성품을
조사하라. [아공我空 - 내부 마음(內心내심도 공하며)]
대치법(공성)은 자신의 터전에서 해방된다(공하다).
[공공空空 - 모든 것의 치료제인 공성 자체도 공하니]
이 길(道도)의 핵심을 모든 것의 기반(공성)의 영역에 두라.
[도의 핵심=공성] - 제1대 달라이 라마

115 청정한 지혜의 치료법, 대치법

반대되는 힘의 극복이 가능한 것은 다음과 같은 근거 때문이다.

에너지(E) + 반대 에너지(-E) = 0

이 공식으로 볼 때
악(惡)을 악으로 갚으려고 하는 것은 어리석은 방법이다.
악은 선(善)에 의해서만 소멸될 수 있기 때문이다.

그래서 지혜로운 이들은 절대로 욕설을 욕설로 갚지 않고, 분노를 분노로 갚지 않으며, 누가 자기를 때려도 반격하지 않고, 누가 자기의 결점을 들추어낼 때 그의 결점을 들추어내지 않는다.

보복은 나쁜 에너지와 고통만 증가시킬 뿐이다.
그래서 지혜로운 분들은 항상 좋은 생각과 기쁨을 향해 나아간다.

* * *

당신이 (상대방의 미움에 대항하여) 또 하나의 미움(분노)의 힘을 내지 않으면, 상대방의 미움은 무너진다.

– 최걈 뚱빠(*Chogyam Trungpa*)

116 지혜는 자신의 죽음까지도 이타행으로 만든다!

행복하든 불행하든, 건강하든 건강하지 않든, 우리는 뭐든 우리가 경험하는 것을 이용하여 다른 중생들을 이롭게 해야 한다. 우리가 죽어가고 있더라도 우리는 죽음에 대한 우리의 경험을 모든 중생들에게 유익하게 만들어야 한다. – 라마 조빠 린뽀체(*Lama Zopa Rinpoche*)

그대 진정으로 행복을 원하거든, 비웃거나 조롱하지 말고, 우아하게 부드럽게 웃어라. 일그러진 마음에는 밝고 아름다운 깨달음의 행복(대락)이 들어갈 수 없다.

117 진실은 존재와 행복의 기반!

거짓정보를 퍼뜨려 많은 분들에게 해를 끼치는 분들은 어떤 과보를 받을까?
만일 이 때문에 어떤 분이 스스로 목숨을 끊은 일이 벌어졌다면. 가해자의 동기에 따라 결과가 달라진다. 동기가 탐욕이었다면 그는 다음 생에 아귀로 태어날 수 있고, 동기가 미움이었다면 지옥에서 몸을 받을 수 있으며, 어리석음 때문이었다면 그는 동물로 다시 태어날 수 있다.

한 순간의 잘못으로 가해자가 받을 고통은 상상조차 할 수 없을 정도로 크다. 이런 점에서 가해자 자신이 최대의 피해자다! 한편으로, 그는 악업을 지어 자기 자신에게도 해를 끼쳤을 뿐만 아니라, 또한 공덕을 지을 수 있는 너무도 소중한 인생을 낭비했기 때문이다.

118 최상의 지혜 - 양변(통합, 하나임)의 지혜

1 The union of cyclic existence and nirvana.

2 The union of the two truths.

3 The union of subjective perception and objective phenomena.

4 The union of purity and impurity.

1 윤회와 열반이 하나임(윤회 = 열반).

2 두 진실이 하나임(俗諦속제 = 眞諦진제).

3 인식의 주체와 대상이 하나임(內心내심 = 外境외경).

4 청정과 부정(不淨)이 하나임(청정 = 부정).

본래 하나의 덩어리인 것을 둘로 나누어 보는 것은 진실의 왜곡이다. 이런 왜곡 때문에 범부는 윤회의 고통 속에서 헤매게 된다. 그러나 붓다는 모든 것을 한맛(일미)으로 통합하여 언제나 큰(초월적인) 기쁨, 대락안에 머문다.

119 무아를 통한 양면성(이중성)의 지혜

Ironically, by seeing clearly and acknowledging our egolessness, we may discover that suffering contains bliss, impermanence contains continuity or eternity, and egolessness contains the earth quality of solid being. But this transcendental bliss, continuity, and beingness are not based on fantasies, ideas, or fears. - *Chögyam Trungpa*

역설적으로, 분명하게 보고 우리들의 무아를 인정함으로써, 우리는 발견할 가능성이 있다, 고통에 안락이 들어있고, 무상에 계속성 혹은 영원이 들어있으며, 무아에 흙의 견고성이 들어있다. 그러나 이 초월적인 안락, 계속성, 존재성의 기반은 환상이나 아이디어, 공포가 아니다. - 최걈 뚱빠

* * *

Learn to enjoy harms done to you by others, for these can dry up the rivers of misery.

- the Seventh Dalai Lama

배워서 즐겨라 남들이 너에게 끼친 해를, 이들 해는 괴로움의 강물 말라버리게(정화) 할 수 있으니까. - 제7대 달라이 라마

120 모든 것을 최상으로 체험하는 지혜

Body seen as the body of a buddha,
Speech incessantly reciting the vajra mantra,
Mind absorbed in bliss and wisdom conjoined:
Pursue this meditation and satiate your spirit.

– the Seventh Dalai Lama

몸은 붓다의 몸으로 보고,
말은 끊임없이 금강 진언 염송하며,
맘(뜻)은 낙공불이(樂空不二) [낙이 공과 둘이 아니라는 지혜] 속에 몰입하여, 이 수습으로 그대의 영혼(깨달음 마음) 충만하게 하라. – 제7대 달라이 라마

121 본래공 - 본래청정

#19 When the wheel of mind ceases to turn
All things come to an end.
So there is nothing inherently non-existent
And all things are utterly pure. - *Nagarjuna*

(용어) to come to an end 끝으로 오다(끝나다) [자동]
to bring ~ to an end 끝내다 [타동표현]

마음(분별망상)의 바퀴가 돌기를 멈추면
모든 것은 끝이 나네.
그래 모든 것은 본래 존재하지 않고 [본래공]
모든 것은 완전히 청정하네. [완전청정]

Nagarjuna(용수보살)'s Mahamudra Vision
[Twenty Mahayana Verses]
나가르주나의 마하무드라(大印대인, 대통합) 견해
[20개 마하야나 (대승) 게송]

* * *

삶과 죽음, 사바와 열반 같이 둘로 나누는
(二分法이분법적) 범부의 세계는 불완전한 세계지만
이들을 하나로 통합한 성인(聖人)들의 세계는
고락의 양극단을 넘은 중도(中道)의 큰(초월적인)
안락(大樂대락)만 있는 완전한 세계다!

122 인생의 목적은 전체와 하나임(통합)의 행복성취!

세상 모두가 하나니, 범부(凡夫)와 붓다도 하나,
부분 속에 전체 있어, 공간적으론 내가 우주요,
시간적으론 순간이 영원이네.

내 안에 모두 들어있으니, 밖에서 구할 것 없고,
내가 경험하는 것 모두 한 맛(一味일미)으로 느끼니
탐냄도 성냄도 없어, 난 언제나 자유롭고 행복하네!

All of reality is enfolded in each of its parts.

- David Bohm(1917-1992), American physicist

현실의 모든 것은 현실의 각 부분 안에 포함되어 있다.

- 데이비드 밤(1917-1992), 미국의 물리학자

부분 안에 전체가 포함되어있다는 것이 공간적으로 타당하다면, 시간적으로 순간 안에 영원이 포함되어있다는 말이 타당할 것이다. 그럼 공간적으로나 시간적으로 우리들의 존재는 무한하다.

123 마음밖엔 아무것도 없다(심외무물)

The meditator and the meditation object
are the mind itself.

수행자와 수행 대상은 하나, 마음 자체다.

124 세 가지 놓아주기 명상

Outwardly, relax clinging to objects!
Inwardly, give up clinging to the body!
Secretly, loosen clinging to mind! - *Padampa Sangye*

(표현) relax clinging ~
give up clinging ~
loosen clinging ~
→ relax = give up = loosen

외적으로는, 대상에 대한 집착을 놓아주라!
내적으로는, 몸에 대한 집착을 놓아주라!
은밀하게는, 마음에 대한 집착을 놓아주라! - 달마대사
여기 '집착'은 '실집'(실재한다는 믿음)을 뜻한다.

그리고 요지는 외부대상과 자기 몸과 마음을 공(空)한 것으로 보라는 것이다. 마음은 눈으로 볼 수 없으므로 은밀한 것으로 간주된다.

To practice yoga, you need intensity and relaxed calm. - 달마대사

합일(통합) 수행을 하려면, 강렬함과 이완된 차분함 [양면적인 지혜]이 필요하다. 〈PARADOX 역설적/해학적. 신나게 웃어요! 하하, 호호!, 허허, 히히!

There's a best state for learning - a state of relaxed alertness.
가장 좋은 배움을 위한 상태가 있으니 -
그것은 이완된 마음집중(긴장)의 상태이다. - 달마대사

125 적정 → 무위 - 이완

Shamatha is the basic practice of Buddhist meditation. Shamatha literally means "development of peace." Peace in this case does not mean the opposite of war. Peace here has nothing to do with politics or a feeling of peacefulness that is based on artificially uplifting ourselves. The peace we are talking about in this case is non-action. It's precisely the feeling we have when we sit down to relax. - *Chogyam Trungpa*

샤마타는 근본적인 불교 명상으로 문자 그대로의 의미는 "평온의 개발이다." 평온의 의미는 이 경우에 전쟁의 반대가 아니다. 평온은 여기서 정치나 평화로운 느낌과 관계가 없다, 이것의 기반은 인위적으로 우리들 자신을 들어 올리는 것이 아니다. 이 경우에 우리가 얘기하는 평온은 무-행위(무위)다. 정확하게 이 감정은 우리가 앉아서 이완할 때 갖는 것이다.

- 최걈 뚱빠

126 공성에 대한 분석명상(석공관)

내용이 쉽지 않으니 조금씩 천천히 생각해보세요!

ego/self-grasping/clinging 아집(我執 '아'의 실재를 믿는 견해) = ego-perception = sense of self 아상(我相)

* * *

True-grasping 실집(實執), 실재에 대한 집착(믿음)

A conceptual mind that apprehends true existence.
개념적인(이원적인) 마음, 실재를 마음으로 붙잡는(파악하는)

"I"-holding delusions "나"를 잡고 있는(我執아집의) 미혹
ungrasping vision 실집하지 않는 견해(空觀공관)
nonapprehending ('존재를 파악하지 않는') 실집하지 않는
= noncomprehending
nonobserving ('존재를 보지 않는') 공(空)하게 보는 =
unobservable = inconceivable, nonobjectifying
('대상화 하지 않는') 대상을 초월하는 * inconceivable
('생각해낼 수 없는'), 불가사의한, 생각(개념을 초월한)
compassion (자비) = 무연자비
Non-objectified 대상화하지 않는
objectlessness = nonreferentiality 가리키는 것이 없음
= nonreality. objectlessness. Literally "nonperception."
This is also translated as "nonreferentiality."
It is in effect a synonym for emptiness.
대상없음. 문자 그대로 "불(不)파악(파악하는 대상이 없음)."
이것은 또 "가리키지 않음(가리키는 것이 없음)"으로 번역된다.
이것은 실제로 공성(空性)의 동의어이다.

* * *

A monk called Nāgārjuna,
Will know the nature of the essenceless object,
Realizing the sixth [Bodhisattva] stage,
He will live for six hundred years.

승려 나가르주나(용수)가
실재하지 않는 대상의 성품(공성)을 깨달아

보살 6지를 체득하고,
600년을 살 것이다.

* * *

objectless = truthless = nonapprehending
insubstantial ('실체가 없는') 공(空)한 〈substance 실체
objectify ('대상화 하다') 실재하는 것으로 보다
reify ('실재화 하다') 실재하는 것으로 보다 = solidify
('견고화 하다')

empty of concreteness ('견고성이 없는') 실재하지 않는
= empty of thingness('物體性물체성' - 실재)
= empty of self-existence 스스로 존재하지 않는
= empty of self-nature 자성(自性)이 없는
= empty of self-identity 자기-정체(개체성)가 없는

127 그릇된 번역(오역)의 근원

To a fool / who squints
One lamp is as two,
Where seen and seer are not two,
Ah! the mind works
on the thingness of them both.

* * *

그것은 어리석은 사팔뜨기가 하나의 등불을
두 개로 보고 있는 것이니, 보는 자와 보여지는
자가 둘이 아니며 보는 자와 보여지는 자
양쪽 모두 다 마음의 작용일 뿐이라오.
[어떤 분의 그릇된 번역(誤譯오역)]

어리석은 사람처럼 삐딱하게(잘못) 보면
등불 하나가 둘로 보이네.
보이는 것(객체)과 보는 자(주체)가 둘이 아닌데도,
가엾어라! 그의 마음은 이들 둘을 실재한다고 보네.
[필자의 번역]

(분석) 이 오역의 원인: 1) 일반적인 영어센스 부족,
2) thingness에 대한 전문적인 용어이해 부족.

the mind works on the thingness of them both.
'그(의) 마음은 작용한다, 그들 둘이 물체라는 것에 대해.'
= 그는 본다(sees), 그들 둘이 물체(존재)라고.★
= 그는 생각한다, 그들 둘이 존재(실재)한다고.

(참고) He believes in God.
'그는 믿는다, 창조주 신에 대해.' = 그는 창조주 신
(의 존재)을 믿는다.

128 Tantric lifestyle 딴뜨라의 생활방식 : 모두 함께 가장 행복하게 사는 법

A lifestyle geared to clearing blocks, strengthening our physical, emotional and spiritual systems, and using the increased energy to heighten pleasure, connection and intimacy.

(용어) geared to ~가 목적인

이 생활방식의 목적은 장애물을 치워주고, 우리들의 신체적, 정서적, 수행의(깨달음의 에너지) 체계를 강화시켜, 늘어난 에너지를 이용하여 상승시키는 것, 기쁨과 유대감, 친밀감을.

129 Sex - 새 생명과 붓다의 탄생으로 인도하는 매우 성스러운 행위

사하자요기니찐따(Sahajayoginicinta)의 설명에 의하면 잉태순간에, 대락의 불꽃이 남성과 여성의 생식 액의 방울과 결합해서 하나의 볼(ball)을 형성하는데, 이것이 새 존재(태아)의 핵심이다. 그래서 대락은 인간이 잉태할 때 출현하여, 거기, 심장 속에, 우리가 사는 동안 사뭇 남아있다. 가장 깊은 내면의 자아 혹은 대락의 불꽃이 하나의 남자나 여자의 몸으로 스스로 나타나거나 남자나 여자의 몸을 형성하여 진실의 본성(法性법성)을 육체로 구현하여 구체적으로 표현하는 것이다. 이것이 성(性)을 인간 내면의 대락의 불성(佛性)의 표출로 만든다. 그러므로 성은 궁극적인 것(법성)과 충분한 연관을 갖고 있어 다시 궁극적인 것으로 돌아갈 다리를 제공한다. - 미란다 쇼(*Miranda Shaw*)

성(性)은 우리의 생명의 원천일 뿐만 아니라 또한 궁극적인 진실의 깨달음의 원천이다. 이것이 우리가 성을 매우 성스럽게 대해야할 가장 중요한 이유다.

한 생명이 잉태되는 순간에도 큰 안락(大樂대락)이 일어날 뿐만 아니라 그 생명이 소멸[정화]되는 순간에도 대락이 일어난다고 한다. 그러니까 우리의 삶은 기쁨에서 시작되어 기쁨으로, 마지막으로 성불의 기쁨으로 이어지는 축복의 여정이다.

130 도전을 진정시키는 부드러운 지혜의 에너지 - 대치법

The Tibetan word for warrior is pawo. Pa means "ignoring the challenger" or "ignoring the other's challenge." Wo makes it a noun. So the warrior is one who does not engage others' sense of aggression. When there's no aggression, trust takes place. Out of that genuine sense of warriorship comes joy. For the first time in your life, you feel at ease. [ease = joy]

– *Chogyam Trungpa*

(표현) does not engage others' sense of aggression

= ignores others' sense of aggression

남들이 침입해왔다는 것을 관여하지 않으면

남들이 침입해왔다는 것을 무시하면

to take place 발생하다

to feel at ease 안락을 느끼다

티베트어로 용사를 빠워라고 한다. 빠가 의미하는 것은 "도전자를 무시하거나" 타자의 도전을 무시한다"는 것이다. 워는 이것을 명사로 만든다. 그러니 용사가 가리키는 것은 남들의 적대감에 맞서지 않는 사람이다. 공격하지 않으면, 신뢰가 생긴다. 바로 이런 진정한 용사(보살)도의 정신에서 기쁨이 나온다. 그래서 난생 처음으로, 우리는 안락을 느낀다. - 최걈 뚱빠

131 The Four Clingings 네 가지 애착 (끊기)

Love for this life does not make one a practitioner.
Love for this world is no renunciation.
Love for one's selfish interests does not make one a bodhisattva.
Grasping to a real "me," is no correct view.

이생을 사랑(애착)하는 사람은 수행자가 아니네.
이 세상을 사랑하면 출리심이 아니네.
자신의 이기적인 이익을 사랑하는 사람은 보살(보리심)이 아니네.
"나"가 실재한다고 집착하는(믿는) 것(我執아집)은 정견(바른 견해)이 아니네.

132 자기 자신과 자기 내면의 붓다가 하나라는 인식

In Tantra all practices are done while maintaining an awareness of oneness with the Divine within.

딴뜨라에서는 모든 수행을 할 때 자기 내면의 붓다와 자기가 하나라는 인식을 유지하면서 한다.
(명심) 그럼 자신의 모든 행위는 붓다의 행위가 됨

133 분노 - (알고 보면) 엄청난 에너지 자원

Meditation on Simhamukha is especially appropriate for those with abundant anger, for she represents the enlightened essence of that incendiary (=angry) energy.

씽하무카에 대한 명상은 특히 화가 많은 분들에게 적절하다, 왜냐면 그가 나타내는 것은 분노 에너지의 깨달은 정수이기 때문이다.

She primarily symbolizes the transformation of anger from a source of suffering into the clarity of mirrorlike wisdom. She exhibits the quality of anger in its ultimate purity; her "consciousness has been transformed into pure energy."

그가 일차적으로 상징하는 것은 고통의 원천으로서 [범부의] 분노를 [붓다의] 명료한 대원경지(大圓鏡智)로 전환하는 것이다. 그는 분노의 특성을 그것의 궁극적인 (본성의) 청정에서 드러내 보여준다. 그의 "의식은 청정한 에너지로 전환된 것이다."

When the delusionary elements have been

removed, however, the result is "pure anger," or "transcendent anger," devoid of neurotic attachments and reaction patterns.

(표현) devoid of (= free of = without) ~가 없는, ~에서 벗어난

그러나 미혹적인(번뇌의) 요소들이 제거되면, 그 결과는 "청정한 분노, 혹은 초월적인 분노"인데, 여기에는 신경질적인 애착과 반발적인 행동유형이 없다.

Anger then becomes a potent resource, an energy source of tremendous magnitude, sufficient to overcome mental, emotional, and psychic obstacles to enlightenment. - *Chogyam Trungpa*

그러면 분노는 강력한 자원, 엄청난 규모의 에너지의 원천으로, 충분히 깨달음의 지적, 정서적, 심리적 장애들을 극복할 수 있다. - 최걈 뚱빠

(표현) devoid of ~ (without)가 없는. of tremendous magnitude 막대한 규모에 속하는. an obstacle to ~ 에게 장애가 되는 것

134 바즈라요기니 - 최상의 여성 붓다

Vajrayoginī is a Tantric Buddhist female Buddha and a ḍākiṇī. Vajrayoginī's essence is "great passion", a transcendent passion that is free of selfishness and illusion - she intensely works for the well-being of others and for the destruction of ego clinging.

(표현) be free of ~에서 벗어나있다, ~가 없다

바즈라요기니는 딴뜨라의 여성 붓다이고 다끼니이다.
바즈라요기니의 정수는 "대열정,"초월적 열정이며,
이것은 이기심과 환영을 여의고, 강렬하게 노력한다,
남들의 복지를 위하고, 아집을 파괴하기 위해서.

She is seen as being ideally suited for people with strong passions, providing the way to transform those passions into enlightened virtues.

그는 이상적으로 적합한 것으로 간주된다. 강한 열정을
갖고 있어서 이 열정을 깨달음의 공덕으로 전환하기에.

According to scholar Miranda Shaw, Vajrayoginī is "inarguably the supreme deity of the Tantric pantheon. No male Buddha, including her divine consort, Heruka-Cakrasaṃvara, approaches her in metaphysical or practical import."

학자 미란다 쇼에 의하면, 바즈라요기니는 "부정할 수 없이 딴뜨라 붓다들 가운데 최고다. 어떤 남성 붓다도, 자신(바즈라요기니)의 붓다 배우자인 헤루까-짜끄라쌈바라도 철학(이론)이나 수행의 중요성 면에서 그와 맞먹지 못한다.

135 구전법맥 기도 (참고자료)

바즈라달마, 수많은 부처님들 가족의 왕께,
바즈라요기니, 부처님들의 모존 명비께,
나로빠, 부처님들의 제일가는 아들 발아래서 청하오니,
저에게 낙공불이의 본초지를 내려주소서.

이런 기도를 할 수 있으려면 정식으로 금강승과 인연을 맺어야 합니다. 행운을 빕니다.

136 성스러운 여성의 성스러운 에너지와 공간

Yoni - Commonly associated with the female "Vulva" or cosmic feminine energy and/or receptivity. It means Sacred Space.

요니 - 흔히 여성의 성기 또는 우주(전체)적인 여성의 에너지와/혹은 수용성과 연관되며, 의미하는 것은 성스러운 공간이다.

137 Sex energy의 중요성

Sex 에너지는 새로운 생명의 탄생뿐만 아니라 붓다를 탄생시키는 너무도 성스러운 에너지다. 그래서 금강승에서는 보리심("깨달음 마음")이라 부르며, 밖으로 누출하지 말라고 충고한다.

138 두 보리심 - 세상에서 가장 큰 마음

Relative bodhicitta is contrasted with ultimate bodhicitta, the mind of a buddha, which is free of all misconceptions.

표현 to be contrasted with ~와 대조되다
to be free of ~가 없다(= be without)

상대적(세속적)인 보리심(모든 중생들을 위해 성불하려는 마음)과 대조되는 것은 궁극적인 보리심인데, 이것은 붓다의 마음으로, 모든 그릇된 관념으로부터 벗어난 것이다.

139 붓다의 남녀 교합상이 상징하는 것

The image of male and female deities in sexual embrace is a symbolic portrayal of the inner unification of our male and female energies. On a deeper level, their embrace symbolizes the aim of the very highest tantric practices : generation of a most subtle and blissful state of mind that, by its very nature, is supremely suited to penetrate ultimate reality and free us from all delusion and suffering. On this level, the male figure represents the experience of great bliss while the female is the symbol of nondual wisdom.

(표현) is a symbolic portrayal of = symbolizes = represents = is the symbol of ~을 상징하다

남녀 붓다들의 성적인 교합상이 상징하는 것은 우리들의 남녀 에너지의 내적인 통합이다. 더 깊은 수준에서, 이들의 교합이 상징하는 것은 가장 높은 딴뜨라 수행의 목표인 가장 섬세하고 기쁜 마음의 상태인데, 이 상태는, 바로 자체의 성격상, 궁극적인 실상(공성空性)을 파악하여 우리들을 모든 번뇌와 고통으로부터 해방시키기에 가장 적합한 것이다. 이 수준에서, 남존상이 상징하는 것은 커다란(초월적) 기쁨(대락大樂)이고 반면에 여존상이 상징하는 것은 (공성을 깨달은) 불이[樂空不二낙공불이]의 지혜이다.

* 낙공불이: 대락도 공과 둘이 아닌 (하나임을 아는) 지혜.

140 지옥에 다시 태어나는 것을 막는 - 막강한 만뜨라

OM (옴) 지옥 가는 게 뭐가 잘못인가?
AH (아) 지옥의 성품은 공(空)하니, 무슨 차이가 있는가?
HUM (훔) 만뜨라의 왕, 스스로 발생한 (자생자멸의)
지혜로
PHAT (팟) 장애물의 왕인 개념이 파괴되네!
HRIH (흐리) 고유하게 존재하지 않는(空공한) 윤회세계
안에서.
SVAHA (쓰와하, 쏘하)

(기억) 개념은 가장 큰 깨달음의 장애물이다!

141 질병에 대한 공성 명상

자공(自空)은, 현상(법)은 자성(내적인 존재.自性자성)이 공하다(없다)(the intrinsic emptiness of phenomena)는 중관학파의 주장.

타공(他空)은 청정한 붓다의 속성(佛性불성)은 외적인 것(他性타성)이 공하다(없다)(the extrinsic emptiness of pure buddha attributes)는 중관학파의 주장.

142 질병수행의 경우에, 자공은 질병 자체의 본성(공성)에 대해 수행하고, 타공은 "내가 질병을 앓고 있다"는 생각(관념)의 공성에 대해 명상한다.

우리가 태어날 때, 태어나는 것은 [태어난다는] 관념이고,
우리가 질병을 앓을 때, 앓는 건 [앓는다는] 관념이며,
심지어 우리가 죽어갈 때도, 죽는 건 [죽는다는] 관념이네.

- 나로빠(*Naropa*)

Every conceptualization is
of the nature of spiritual ignorance(avidya)
because it apprehends unreality.

모든 관념화(개념화)는
무지(무명)의 성격에 속한다,
그것이 파악하는 것은 비실재이기 때문이다.
* 비실재 (진실, 공성)이 아닌 것

143 지성(이원적)의 길 - 감성(통합적)의 길

The Buddha-nature exists in all beings.
Leave the perverse path paved by the intellect
To strive on the essential path of the heart,
And inevitably you will reach the ultimate goal.

- The Siddha Putalipa

불성은 모든 중생 안에 존재한다.
지성으로 포장된 왜곡된 도를 떠나
핵심적인(통합적인) 심장의 도를 닦아라,
그러면 틀림없이 궁극적인 목표(성불)에 도달할 것이다.

- 성취자 뿌딸리빠

Poetry heals the wounds inflicted by reason. - *Novalis*
시는 치유한다, 이성(지성)에 의해 가해진 상처를. - 노발리스

144 소리 에너지의 섬세한 정도

Poetry is subtler than prose, because its
rhythm produces a higher unity and loosens the
fetters of our mind. But music is subtler than

poetry, because it carries us beyond the meaning of words into a state of intuitive receptivity. - *Lama Anagarika Govinda*

시는 산문보다 더 섬세하다, 왜냐면 시의 리듬은 더 높은 통일성을 낳고 마음(지성)의 족쇄를 풀어주니까. 그러나 음악은 시보다 더 섬세하다, 왜냐면 그것은 말의 의미를 직관적인 수용의 상태로 인도해주니까.

- 라마 아나가리까 고빈다

* * *

세상에서 가장 부드러운 에너지가 세상에서 가장 단단한 것을 이긴다. 이로 보아 나는 안다, 행위를 하지 않는 것(無爲무위)이 유리하다는 것을. - 노자(老子)

145 의도적인 노력을 초월한 무(無)명상(무수습)

Nonmeditation is the exhaustion of effort. - *Jamgon Kongtrul*

무-명상(무수습)은 (명상하려고) 애쓰는 것의 소진이다. - 잠괸 꽁뚤
이것은 의도적인 노력을 벗어난, 자연발생적인 명상(수습) non-meditation이다. 달리 말하면, '함이 없는(無爲무위의) 명상이다.

146 생각(관념) → 윤회 / 무념 → 해탈

관념은 이원적인 분별로 인해 윤회로 인도한다.
모든 것을 포괄하는(통합적인) 공성의 진실의
체득만이 완전한 자유(해탈)와 대락을 가져온다.

147 생각(관념)에 대한 분석 명상

A thought / (that is) once passed /
leaves nothing behind.
한 생각은 (현재 있지만) / 한번 지나가면 /
아무것도 뒤에 남기지 않는다[공하다].

Future thoughts are not yet seen.
미래의 생각은 ~
(문맥) are not yet seen = have not yet arisen
아직 안 보인다 = 아직 안 일어났다

Thus, identify the moment of the present thought.
그러니, 밝혀라 지금 이 순간의 현재의 생각을.

In brief, do not think about earlier or future thoughts, but find out (=identify) how the thought of this very moment is.

요컨대, 생각하지 말고, 이전(과거)이나 미래의 생각에 대해, 찾아보라 (=밝혀라) 지금 바로 이 순간의 생각이 어떤지.

By looking nakedly at just this moment of the present thought, the thought is cut off / as it is made to pass and one thereby enters an undistracted state free from thoughts.

있는 그대로 단지 지금 이 순간의 현재의 생각을 바라 보면, 이 생각은 잘려 떨어져나간다, / 이것이 지나감에 따라서 우리는 그리하여 마음이 딴 데로 끌려가지 않는 상태에 들어가는데, 이것은 생각들로부터 벗어난 상태다.

When a distraction or a thought again manifests, search for (=find out) its source[within]. By looking nakedly, the thought is liberated by itself and, with balance, one enters non-conceptuality.

마음이 딴 데로 끌려가거나 (한) 생각이 다시 발생하면, 찾아보라(=find out) 이것의 원천을[내부에서]. 있는 그대로 바라보면, 이 생각은 스스로 해방되고(소멸되고), 평정을 갖고, 우리는 들어간다, (생각/관념에서 벗어난) 무념상태에.

* * *

Those who conceptualize waver about;

개념화하는 자들은 이리저리 방황한다[윤회한다].

Concepts produce wavering(about);

개념(생각)이 윤회를 낳는다.

Being without concepts is nirvāṇa.

개념에서 벗어난 것이 열반이다.

Those who do not conceptualize are unwavering.

개념화 하지 않는 사람들은 윤회하지 않는다.

* * *

Although un-evolved beings do not recognize their true nature, they nevertheless never depart from it.

비록 안 진화된 중생들이 자기들의 본성(불성)을 못 깨닫더라도, 그럼에도 불구하고 결코 그들은 거기로부터 벗어나지 않는다.

148 고통을, 악업이 익는 것을 공유하는 친구로 관상하라

When body and mind throb with aches / beyond
conception,
May we make a profound effort to visualize them
As friends who share our ripening black karma;
And thus may our thoughts abide in unmoving joy.

- *the Seventh Dalai Lama*

(표현) to throb / with aches / beyond conception
(= inconceivable) 쓰라려 그 아픔이 상상도
할 수 없을 때

* * *

몸과 마음이 쓰라려 / 그 아픔이 상상을 초월할 때
우리들이 공성에 대한 지혜를 통해 노력해서
관상(상상)하게 하소서, 그들이 친구로서 공유한다고,
우리들의 악업이 익는 것을, 그리하여 우리들의 뜻
(마음)이 부동의 기쁨 속에 머물 수 있도록. - 제7대 달라이 라마

149 영원한 젊음의 비결 - 낙공불이(樂空不二)의 지혜

Wisdom-power sees the world as a mandala
And the dance of the beautiful consort flows.
The mind locks in samadhi focused
Upon youthful awareness of bliss and void,
And the delight which soars freely
In all situations is known.

지혜-힘은 세상을 만달라(붓다의 깨달음 세계)로 보고, 아름다운 명비의 춤이 흐르며, 마음은 삼매 속 대락과 공성에 대한 싱싱한 의식에 몰입하여, 기쁨이 어느 상황에서나 자유로이 솟아오르네.

(조언) 지혜의 마음, 각성(의식)은 '영원한 지금'(eternal now)에 머무르기 때문에 항상 젊다(싱싱하다). 지혜의 보살 문수 앞에 youthful(젊은)이 붙는 게 바로 이런 이유 때문이다.

150 희망이 머무는 곳은 현재가 아닌 미래

Hope is the source of pain, and hope operates on the level of something other than what there is. We hope, dwelling in the future, that things might turn out right. we do not experience the present, do not face the pain or neurosis as it is. So the only way that is feasible is developing an attitude of hopelessness, something other than future orientation. The present is worth looking at.

– *Chögyam Trungpa*

희망은 아픔의 근원이고 희망이 작동하는 수준은 무엇인가 존재하지 않는 것이다. 우리는 희망한다, 미래에 거주하면서, 일들이 바르게 들어날 거라고, 우리는 현재를 경험하지 않고, 아픔이나 노이로제를 있는 그대로 대하지 않는다. 그래서 유일하게 가능한 길은 희망 없음이란 태도, 미래지향적이 아닌 태도이다. 현재는 바라볼 가치가 있다. – 최걍 뚱빠

질병을 고치지 못하게 만드는 원인은 희망과
두려움이다. 희망은 자연치유를 방해하고,
두려움은 질병을 일으킨다.

질병 자체를 수행 방편(수단)으로 알고, 질병에
대한 두려움과, 질병이 끝나리라는 희망과 관련된,
집착을 놓아주면, 질병을 일으킨 원인이 스스로
사라진다. – 감뽀빠(*Gampopa*)

(조언) 희망이 긍정적인 결과에 대한 집착이라면,
두려움은 부정적인 결과에 대한 집착이라고 볼 수 있다. 이 두 극단에 대한 집착에서 벗어나면 중도의 평온과 안락(대락)이 기다린다.

151 건강비결 - 생명의 본성은 건강이라는 인식 개발

According to the Buddhist tradition,
people inherently possess buddha nature;
that is, they are basically good.
From this point of view, health is intrinsic.
That is, health comes first;
sickness is secondary.

불교의 전통에 의하면,
사람들은 본래 불성을 갖고 있다고 한다.
다시 말해, 그들은 근본적으로 선량하다.
이런 관점으로부터 (보면), 건강이 본성이다.
다시 말해, 건강이 우선하고[근원],
질병은 이차적이라는 것[이탈]이다.

* * *

모든 부정적인 자질들로 이르는 문을 여는
큰 허물은 무엇인가?
자기 자신을 남들보다 더 소중하게 여기는
것인데, 이것은 비천한 사람들의 특징이다. - 제7대 달라이 라마

152 비난 수용 + 독 제거 = 약

Even though somebody else has made a terrible boo-boo and blamed it on you, you should take the blame yourself. You can actually say: "Okay, the blame is mine." Once you begin to do that, it is the highest and most powerful logic, the most powerful incantation you can make. You can absorb the poison - then the rest of the situation becomes medicine. - *Chogyam Trungpa*

비록 누군가 다른 사람이 지독한 잘못을 저지르고 그걸 네 탓이라고 하더라도, 너는 그 비난을 받아들여야한다. 너는 실제로 이렇게 말할 수 있다, "좋아, 내가 잘못한 거야." 일단 네가 그렇게 하면, 그건 가장 높고 가장 강력한 논리이고 가장 강력한 주문(만뜨라)이다, 네가 말할 수 있는. 너는 독을 흡수할 수 있다. - 그럼 그 나머지는 약이 된다. - 최걈 뚱빠

153 겸손(로종)

여덟 게송 마음수련(Eight Verses of Training the Mind (lojong로종)

1 With the intention to attain
The ultimate, supreme goal
That surpasses even the wish-granting jewel,
May I constantly cherish all living beings.

여의주조차 능가하는
궁극적인 최상의 목표(成佛성불)를
성취하려는 의도(보리심)를 갖고 〈남들 높이기
제가 모든 중생들을 끊임없이 귀하게 여기게
하소서.

2 Whenever I associate with others
May I view myself as the lowest of all;
And with a perfect intention, 〈자기 낮추기
May I cherish others as supreme.

제가 남들과 함께 있을 때마다
저 자신을 모든 이들 가운데 가장 낮은 사람으로 보고
[깨달음을 얻으려는] 완전한 의도(보리심)를 갖고,
남들을 가장 귀하게 여기게 하소서.

3 Examining my mental continuum throughout all
my actions,
As soon as a delusion develops
whereby I or others would act inappropriately,
May I firmly face it and avert it.

조사하여 저의 마음의 상속(흐름)을 모든 저의
행동을 통해서 번뇌가 일어나자마자, 그로 말미
암아 저나 남들이 부적절하게 행동할 수 있으니
제가 단호하게 맞서서 그것을 막게 하소서.

4 Whenever I see unfortunate beings
Oppressed by evil and violent suffering,
May I cherish them as if I had found
A rare and precious treasure.

제가 볼 때마다, 불운한 중생들이
악업과 심한 고통으로 시달리는 것을,
제가 그들을 귀하게 여기게 하소서.
마치 희귀한 보물을 발견한 것처럼.

5 Even if someone I have helped
And of whom I had great hopes
Nevertheless harms me without any reason,
May I see him as my holy Spiritual Guide.

비록 누군가 제가 도움을 주어왔고
큰 희망을 가졌었던 어떤 사람이
저를 해친다 해도, 이유 없이
제가 그를 저의 성자 깨달음의 안내자로 보게 하소서.

6 When others out of jealousy
Harm me or insult me,
May I take defeat upon myself
And offer them the victory.

남들이 질투심 때문에
저를 해치거나 모욕을 줄 때,
패배(나쁜 건)는 저 자신이 떠맡고
승리(좋은 건)는 그들에게 드리게 하소서.

7 In short, may I directly and indirectly
Offer help and happiness to all my mothers,
And secretly take upon myself
All their harm and suffering.

(표현) to take upon oneself 자기 자신이 떠맡다

요컨대, 직접적으로 그리고 간접적으로
도움과 행복은 제가 모든 어머니 (중생)들에게 드리고
남모르게 제가 떠안게 하소서
모든 그들의 해와 고통은.

8 Furthermore, through all these method practices,
Together with a mind undefiled by stains of
conceptions of the eight extremes
And that sees all phenomena as illusory,
May I be released from the bondage of mistaken
appearance and conception.

더욱이, 이 모든 방편(자비) 수행들을 통해,
그와 함께 마음은 여덟 가지 극단적인 견해(팔변희론)의
얼룩으로 오염되지 않고
모든 현상을 환영(幻影)으로 보고
제가 그릇된 상(색)과 관념(견해)의 속박(윤회)으로부터
벗어나게 하소서.

154 까담빠 스승들의 가르침

그대의 마음을 달마(the Dharma)에 기반을 두라.
그대의 달마를 겸허한 삶(a humble life)에
기반을 두라.
그대의 겸허한 삶을 죽음(death)에 대한 생각에
기반을 두라.
그대의 죽음을 외딴 동굴(a lonely cave)에
기반을 두라.

(주의) '고독사'는 수행자가 바라는 형태의 죽음이다.
남들의 방해를 받지 않고 명상에 몰입해서 죽을 수 있기 때문이다.

155 실제 안거의 의미

Padampa points out that actual retreat involves simply withdrawing one's body, speech, and mind from mundane perceptions and involvements.

달마대사의 지적에 의하면 실제 안거는 단지 자신의 몸과 말과 마음을 세속적인 인식과 관여(범부의 세계관과 활동)으로부터 물러나는 것이다.

* * *

Physical isolation is not real solitude.
The supreme solitude is freedom from (grasping at) characters (or objective images) and mental concepts.

- Saraha's consort to Saraha

신체적인 독거는 진정한 독거가 아닙니다.
최고의 독거는 벗어나는 것입니다. 상(또는 대상의 모습)에 대한 (집착)과 마음속의 관념(분별)으로부터

- 싸라하의 여성 도반이 싸라하에게

What is called a solitary place is any place secluded from the mental object-subject elaborations. - *Padmasambhava*

외딴 곳이라 불리는 곳은 어느 곳이든지 마음의 주체-객체의 희론(공성의 지혜로부터 벗어난 헛된 분별)로부터 떨어진 곳이다. - 빠드마쌈바와

156 모든 기준점을 버려야 하는 이유

We must drop all reference points, all concepts of what is or what should be. Then it is possible to experience the uniqueness and vividness of phenomena directly.
There is tremendous room to experience things, to allow experience to occur and pass away.
Movement happens within vast space.
Whatever happens, pleasure and pain, birth and death, and so forth, are not interfered with but are experienced in their fullest flavor.

(표현) to interfere with ('사이에 가져오다') ~에 간섭하다

우리는 모든 기준점들, (다시 말해) 모든 있는 것(존재)과

있어야 할 것 (당위)에 관한 관념을 놓아줘야 한다. 그러면 나타나는 것들의 독특함과 생생함을 직접적으로(있는 그대로) 경험할 수 있다. 엄청난 여지 [지혜의] (공간)이 있어서 우리는 경험할 수 있고 경험이 일어나서 지나가게 (사라지게) 할 수 있다. 움직임(활동)은 방대한 공간 안에서 일어난다. 뭐가 일어나든, 기쁨과 아픔, 출생과 사망 등등, 간섭하지 않고 있는 그대로 우리는 완전히 맛볼 수 있다.

157 이것이 청정한 수행자의 길이다!

Mahamudra is free from the threefold reference points of subject, object, and action.

마하무드라는 초월한다, 주체와 대상과 행위(삼륜)에 관한 준거기준들을. [이를 삼륜청정이라 부름]

* * *

꾄가 닝뽀

열다섯 화신들의 명단 중에 여섯 명의 이름은 특히 중요하다. 이들 중 둘은 싸꺄 종파의 라마들을, 넷은 닝마 종파의 라마들을 지칭한다. 명단에 오른 두 명의 싸꺄 라마는 싸꺄 꾄가 닝뽀와 싸꺄 팍빠이다. 두 명 모두 싸꺄 사원의 설립과 초기 종파 형성과 관련이 있다. 싸꺄라는 이름은 "회백색의 땅"이란 뜻이고 티베트 남서쪽에 있는 특정한 산을 지칭한다. 1073년 이 산에 세워진 사원에는 싸꺄 곈빠(회백색 땅 산의 사찰)라는 이름이 주어졌다. 이곳에서 생성된 종파는 결국 사원에도 그 이름을 택했다. 전설에 따르면 아띠샤가 인도에서 아리(Ngari)로 여행하고 있을 때 이 지역을 지나갔다고 한다. 산을 구경하면서 아띠샤는 깊은 삼매상태로 들어가 관세음보살이 위대한 불행(佛行)을 이곳에서 행할 것이라고 예언했다. 그는 또한 문수보살의 일곱 화신들이 이 사찰의 활동들을 감독하게 될 것임을 예언했다. 아띠샤가 언급했던 관세음보살의 화신들은 위에서 언급한, 싸꺄 꾄가 닝뽀와 싸꺄 팍빠이다.

싸꺄 꾄가 닝뽀

싸꺄 꾄가 닝뽀는 1092년에 고대 티베트왕국(토번) 시대 이후로 명문가였던 쾬(Khon)가문의 꾄촉 걜뽀의 아들로 태어났다. 싸꺄 꾄가 닝뽀의 아버지인 꾄촉 걜뽀는 라마 돔뙨빠와 같이 출가한 스님은 아니었지만, 싸꺄 사원을 최초로 세운 사람이었다. 아들 꾄가 닝뽀는 많은 여러 티베트 스승들 지도 아래 공부했고, 어린아이였을 때 높은 깨달음을 성취했다. 12세에 꾄가 닝뽀는 6개월 동안 혼자 명상에 몰입했다. 이 은둔수행 끝에 비전을 통해 문수보살과 직접 소통하게 되었는데, 문수보살로부터 "네 가지 애착 끊기"로 알려진 4행시 [게송]를 포함하여, 많은 비밀의 전수를 받았다.

158 The Four Clingings 네 가지 애착 (끊기)

Love for this life does not make one a
practitioner.
Love for this world is no renunciation.
Love for one's selfish interests does not
make one a bodhisattva.
Grasping to a real "me," is no correct view.

이생을 사랑(애착)하는 사람은 수행자가 아니네.
이 세상을 사랑하면 출리심이 아니네.
자신의 이기적인 이익을 사랑하는 사람은 보살
(보리심)이 아니네.
"나"가 있다고 집착하는 것(我執아집)은 정견이 아니네.

싸꺄 뀐가 닝뽀는 자신의 삶 후반에 열한 명의 중요한 제자들을 위해 이 시에 대한 열한 개의 주석서를 썼다. 자신의 시가 어떻게 깨달음으로 이끄는 완전한 길을 가리키는지를 자세히 설명했는데, 첫 번째 줄은 죽음과 무상에 대한 명상의 필요성을 소개하고, 두 번째 줄은 사성제, 업(業)과 환생의 본성, 귀의, 해탈에 이르는 여덟 갈래의 길(팔정도) 등에 대한 명상수행의 필요성을 암시하고, 세 번째 줄은 사랑, 자비, 보살의 자질에 대한 명상의 필요성을 지적하며, 그리고 네 번째 줄은 위대한 공성(空性)에 대한 명상을 언급했다.
이 가르침들은 오늘날 싸꺄 종파에서 가장 일반적인 주제로 남아있다. 시가 단순하게 보일지 모르지만, 이에 대한 몇 권의 주석서들은 길이가

수백 페이지에 이르며, 소승·대승·금강승 전통 속에서 발견되는 모든 기본적 수행들을 다루고 있다. 람데(경로와 그 결과)라는 딴뜨라 교리와 더불어 이것은 싸꺄 종파의 두 개의 중심 기둥을 이루었다.

싸꺄 뀐가 닝뽀가 서른두 살이었을 때, 그의 구루 상뙨이 말했다. "만약 네가 명상 수련에 헌신한다면 이 한 생애에 위대한 깨달음의 인증을 얻게 될 것이다. 만약 네가 가르치는 데에 헌신한다면 너는 많은 제자들을 깨달음으로 인도하게 될 것이다. 18년의 시간 동안 너는 내가 전수한 것의 이름조차 언급해서는 안 된다. 18년의 시간 후에 너는 모든 것을 성취할 것이다."

이로 인해 18년 동안 싸꺄 뀐가 닝뽀는 대부분의 시간을 홀로 하는 명상으로 보냈고, 구루의 예언을 완성시켰다. 영적 자각을 성취했을 뿐만 아니라 천안통, 공중부양, 동시에 많은 다른 장소에 존재하는 능력과 같은 세간의 신통을 많이 보여주었다. 구루가 지시한 묵언의 기간을 채운 후에 그는 남은 16년을 제자들에게 가르침을 전수하는 데 바쳤다. 세 명의 제자들은 완전한 깨달음을 얻었고, 다른 여덟 명은 성인의 경지를 성취했으며, 또 다른 수천 명은 깨달음의 길에 오르게 되었다.

몇몇 역사학자들은 싸꺄 뀐가 닝뽀를 싸꺄 종파의 개산조(開山祖)로 언급한다. 싸꺄 뀐가 닝뽀가 이 법맥의 첫 번째 스승은 아니었으나, 싸꺄의 가르침을 만들고 세운 그의 업적은 싸꺄 종파가 수 세기를 견뎌내면서 번창하고 성장할 수 있는 종풍의 특성을 주었기 때문이다. 그가 1158년 66세의 나이로 세상을 떠났을 때, 티베트는 위대한 성자 중의 한 명을 잃게 된 것을 슬퍼했다.

쫑카빠 대사는 『람림(깨달음의 단계)의 개요』

[제35송, 36송, 37송]에서 이와 같이 쓰고 있다.

그러나 윤회의 뿌리인 번뇌를 자르는
힘은 일념 집중[止]만으로는 안 되네.
그리고 명상적 고요[止]의 길에서 분리된
지혜[觀]만으로는 아무리 대상을 분석
하더라도 번뇌를 물리칠 수 없네.

궁극적인 진실(공성)을 탐구하는 지혜[=觀]가
사마디[止:Samadhi]라는 흔들림 없는 말에
올라타 [상견과 단견이라는] 양극단을
여읜 중관의 논리라는 날카로운 무기로

극단적인 견해의 인식대상을 모두
소멸시켜야 하네.
올바른 논리에 따라서 고찰하는 광대한
지혜에 의해 진실을 요해하는 지력(知力)을
증대시키도록 하라.

세상 안에서 그리고 그 너머로부터 보이는
모든 것은 자기 자신의 생각에 의해 만들어진
환영(幻影)이라네. 환영을 잡으려 하는 것은 단지
자각을 더 왜곡시킬 뿐이니.
잡으려 하지 말고 있는 그대로 보아야 하네. - 제7대 달라이 라마

159 공성의 지혜가 주는 엄청난 위안

When you are feeling ill and life is not pleasant,
where does the smile come from? where does the joy come from?
It's a question of realizing that whatever your experience is, it is not necessarily all that solid.
Things are not all that solid and substantial;
there is an illusory quality to things.

병들고 사는 게 즐겁지 않을 때, 미소는 어디서 오는가?
어디서 기쁨이 오는가? 중요한 것은 깨닫는 것이다, 무엇을
우리가 경험하든지, 그것은 반드시 그렇게 견고하지 않다.
사물은 그렇게 견고하고 실체가 있는 게 아니다.
거기에는 환(幻) 같은 점이 있기 때문이다.

딴뜨라적인 성 파트너에 대한 산스끄리뜨 단어는 까르마
무드라(Karmamudra: 운명의 흔적)이다. 여기서 파트너란
특별한 영적 그리고 업보적 연대를 공유한다는 것이다.
몸은 과거 업보의 결정체이기 때문에, 이 특별한 연대를
가진 어떤 사람과 밀교의 성적수행을 하는 것은 특별히
강력한 깨달음의 방법이다.
여기서 성적 환희의 순간은 명상을 위한 최고의 순간으로
여겨진다. 남성 딴뜨라 수행자는 스스로 오르가슴의 체험을

이끌어내지만, 정액이 성기의 끝에 도달했을 때 방출하지 않고 유지한 뒤, 정액의 방향을 바꾸어 이에 수반되는 환희와 함께 몸 안으로 끌어들인다.
따라서 절정은 길어지고 강화된다. 그리고 실제적인 딴뜨라적 적용[수행]이 절정의 경험 영역 안에서 실행된다.

이것은 남성 수행자를 위해 설명된 원리이다. 여성의 경우에는, 오르가슴의 순간에 자연적인 빛이 발생하여 몸의 손발을 지나 가슴 차끄라(chakra)의 내면 중심부를 관통하여 흐르고, 환희의 온기가 이 빛을 강화하고 지속시킨다.

성적 절정의 순간이 명상을 위한 가장 좋은 시간이라고 말하는 데에는 세 가지 이유가 있다. 그 순간 커다란 기쁨을 느낀다는 것과, 그 순간에 맑게 깨어있다는 것, 그리고 그 순간에 이중성의 마음(즉, 자신과 남이라는 분별)이 가장 느슨한 상태라는 것이다.

성적 절정의 순간에 일어나는 환희, 명료함, 그리고 이중성을 넘어서는 특질들을 완전히 통합하는 것은 한 생에 깨달음을 성취하기 위한 딴뜨라의 방법이다.

* * *

미친 사람[제6대 달라이 라마 자신을 가리킴]이
'뫈율'에서 왔네.
하늘이 촉촉함으로 세상을 부드럽게 만드네.

내가 달콤한 애인을 안을 때마다.
몸과 마음은 충만으로 녹아내리네.

* * *

성적 절정의 상태라는 딴뜨라적인 개념은, 깨닫지 못한 상태를 특징짓는 몸과 마음의 경직성[여유부족]을 허물어뜨림을 묘사하는 데 사용된다. 봄비가 굳은 땅을 부드럽게 하여 모든 자라나는 것들을 낳을 수 있게 해주는 것처럼, 연인의 포옹으로 인해 몸과 마음이 부드러워짐은 모든 성장과 변화를 가능하게 해준다.

160 (안목) 키우기 수행

안목(vision) 키우기: 보시

Through all three types of generosity,
you can open other people's minds. In that way
their closedness, wretchedness, small thinking
can be turned into a larger vision. - *Chögyam Trungpa*

모두 세 유형의 보시[재보시, 법보시, 무외시]를 통해,
우리는 남들의 마음을 열 수 있다. 이런 식으로 그들의
닫힌 마음과 괴로움, 작은 사고는 더 큰 비전으로
전환될 수 있다. - 최걈 뚱빠.

161 **마음의 유연성**(여유-지혜의 공간)

Mental suppleness is a flexibility of mind induced by virtuous concentration.
Physical suppleness is a light and flexible tactile object within our body that develops when meditation causes a pure wind to pervade the body.

마음의 유연성을 가져오는 것은 선덕에 대한 선정(마음의 집중)이다. 신체적인 유연성은 가볍고 유연한 촉감으로 알 수 있는 물질인데, 이것이 우리 몸 안에서 발생하는 것은 청정한 바람이 몸에 퍼져나갈 때다.

If you purify the life-supporting wind, you will overcome illness, son! - *Dampa*

만일 네가 생명을 지원하는 바람을 정화하면, 너는 질병을 극복할 것이다, 아들아!

* * *

세 종류의 사람들

1 범부(淨化정화되지 않은 분)
2 보살(부분적으로 정화되고 동시에 정화 안 된 분)
3 붓다(완전히 정화된 분)

162 공성에 대한 이해 정도

On the path of accumulation, one acquires intellectual understanding.

자량도: 지적인 이해

On the path of joining, one gains actual experience.

가행도: 실제 체험

On the path of seeing, one gains realization.

수도: 체득(증득). 보살 초지에 오름

듣기(문): 가슴으로 즉, 진지한 믿음으로 듣는 것 (직관적인 느낌)

사유(사): 이성을 통한 이해 (지적인 이해)

수습(수): 직접적인 경험을 통한 살아있는 현실 (지적인 확신이 정신적인 확신으로 성장하며, 앎의 주체와 대상이 하나가 됨, 합일)

163 세 가지 번뇌 제거 방법 - 3가지 문제 해결법

Methods of controlling afflictive emotions can be subsumed into three: rejection, transformation, and recognition.

번뇌를 제거하는 방법은 세 가지로 나뉠 수 있다: 배척, 전환, 그리고 인식.

Rejecting these emotions is the ordinary approach of the sutras. Desire is renounced through contemplation on repulsiveness, hatred through contemplation on love, and stupidity through meditation on interdependent relationship.

(표현) renounce = reject 버리다. repulsiveness 혐오감. interdependent relationship 서로 의존하는 관계(연기)

번뇌를 버리는 것은 일반적인 현교의 방법이다. 탐욕(탐)은 혐오에 대한 사유를 통해 버려지고, 미움(진)은 자애에 대한 사유, 그리고 어리석음(치)은 상호의존 관계(연기)에 대한 사유를 통해서 버려진다.

The uncommon approach of mantra is to

transform afflictive emotions. When desire arises, you meditate on Amitabha or a deity such as Heruka in union. The desirous thought is transformed into the deity. The other deluded emotions are treated in the same way.

비범한 접근법의 만뜨라는 번뇌를 전환하는 것이다. 탐욕이 일어나면, 아미타불이나 헤루까 부모존 같은 붓다에 관해 수습한다. 그러면 탐욕은 붓다로 전환된다. 다른 번뇌도 같은 방법으로 처리된다.

The exceptional approach is to recognize the true nature of afflictive emotions. When desirous thoughts arise vividly, looking directly at their essence, they subside in themselves.
This is the dawning of mahamudra, bliss and emptiness inseparable. It is also called the pristine wisdom of discernment.

표현 afflictive emotions 괴롭히는 감정(번뇌). subside in themselves 가라앉다 자체 속으로 (스스로 진정되다, 자멸하다). mahamudra = bliss and emptiness inseparable = the pristine wisdom of discernment 마하무드라 = 낙공불이 = 본초의 분별지(묘관찰지)

예외적인 접근법은 번뇌의 참된 성품(공성)을 인식하는 것이다. 탐욕이 생생하게 일어날 때, 그것의 핵심을 직시하면, 그것은 자기 자신 속으로 가라앉는다. 이것이 마하무드라, 낙공불이가 밝아오는 것이다. 이것은 또한 본래의 분별지(묘관찰지)라고도 불린다.

There has never been anything to reject, nor to accept, nor to transform; everything is contained within mind. Know that there is no other intention of a buddha than simply the uncontrived mind itself. – *Jamgon Kongtrul*

실은 버릴 것도 받아들일 것도 전환할 것도 없다. 모든 것은 마음속에 들어있으니까. 알아라, 붓다에게는 다른 의도가 없다, 단지 무조작의(본래의) 마음 자체 밖에. – 잠괸 꽁뚤

164 삼승: 세 단계 수행자들이 두려워하는 것

Sentient beings, driven by the power of their karma to wander through the realms of existence, live in dread of a multitude of dangers. They fear samsaric suffering, which is opposed by the path of the Shravakas and Pratyekabuddhas. Less generally, Bodhisattvas dread the attitude of self-concern, which is so much at variance with the path of the paramitas.

Most particularly, the practitioners of the Secret Mantra feel the menace of a deluded clinging to phenomena experienced / as ordinary, again the antithesis of their path.

(표현) a multitude of (~) 다수의 ~. self-concern ('자기-관심') 이기적인 태도. menace = danger 위험.
a deluded / clinging to phenomena /
experienced as ordinary 미혹(무지)해서 현상(법)에 집착하는데 / 이것을 경험한다, / 범속한(범부의) 것으로

"중생들은 업력에 휘둘리어 육도(천상계, 수라계, 인간계, 축생계, 아귀계, 지옥계)를 윤회하면서 수많은 위험에 대한 두려움 속에서 산다. 그들은 윤회의 고통을 두려워하는데, 이것에 대한 대책이 성문과 연각(소승)의 길(수행)이다. 이보다 드물게, (대승현교) 보살들이 두려워하는 것은 이기적인 태도인데, 이것(이기적인 태도)은 바라밀승의 길과 너무도 어긋나기 때문이다. 가장 특별히, (대승밀교) 긍강승 수행자들이 두려워하는 것은 미혹해서 모든 것을 범속한 것으로 여기는 위험이다. 이것이 그들이 가는 길의 반대이기 때문이다." - 깡규르 린뽀체(*Kangyur Rinpoche*)

three principal aspects of the path
깨달음의 길(도)의 삼면(삼종요도)

The three main divisions of the lamrim
(깨달음의 도의 단계):
renunciation, bodhicitta and the right view
(of emptiness).
출리심, 보리심, (공성에 대한) 바른 견해(정견,
바른 공관)

* * *

바른 공관空觀(the correct view of emptiness)

"바른 공관은 두 극단을 피하므로 공성은 '중도'
(the middle way)라 불린다.
바른 공관이 단견을 피하는 것은 세속적인 현상의
존재를 인정하기 때문이고,
상견을 피하는 것은 고유하고, 독립적인 존재의
모든 흔적들을 철저히 부정하기 때문이다."

165 불교의 가장 심오한 진실 공성(空性)에 대한 제1대 달라이 라마의 가르침

- 만약 사물에 자성(自性, 독립적인 성품)이 있다면 모든 것은 시간 속에 얼어붙을 것이다. 그들은 다른 것들과 상호작용할 수 없거나 원인과 결과로 작용하지 못할 것이다.

- 만일 그대가 모든 것이 고유하게(독립적으로) 존재한다고 주장하면, 거기에서 따라 나오는 결론은 모든 것에는 원인(因인)도 조건(緣연)도 없다고 그대는 생각하는 것이다. 왜냐면 만일 모든 것이 고유하게 존재한다고 그대가 주장하면, 그러면 그 견해가 그 (원인도 조건도 없다는) 결론으로 인도하기 때문이다. 그렇게 되면, 그대는 또한 원인과 결과, 행위자와 행위, 생성과 소멸, 성취의 기능을 부정하는 것이다.

- 공의 교리는 모든 것이 둘이 아니(不二불이)라는 가르침이다. 그러나 나가르주나(Nagarjuna)가 지적했듯이, 이것은 불교가 더움과 추움, 행복과 슬픔, 즐거움과 괴로움, 긴 것과 짧은 것, 이것과 저것 등이 있다는 것을 부정한다는 것을 뜻하지 않는다. 오히려 이것은 모든 것의 상대성을 강조한다. 더운 것은 그렇게 덥지 않은 어떤 것과 비교 할 때만 가능할 뿐이다. 이것은 우리가 손가락을 끓는 물에 넣었을 때 데지 않는다는 것을 의미하는 것이 아니다. 그와 반대로, 모든 것들의 상대성 때문에, 그리고 고유한 고정적인 본성이 없기

때문에, 손가락은 끓는 물에 의해 화상을 입는다. 마찬가지로, 모든 것은 다른 것과의 관계 속에서만 존재하고, 최종적으로는 이름과 이름표[개념]일 뿐이다.

• 공의 교리는 모든 것이 진실로 존재(實在실재)한다는 집착 또는 믿음(實執실집)을 제거하기 위한 것이다.

• 진실의 두 가지 차원의 교리는 한 가지 목적을 갖는다. 만일 세속적인 진실에 의존하지 않으면, 우리는 궁극적인 진실을 이해할 수 있는 그릇이 될 수 없고, 궁극적인 진실을 인식할 때까지, 열반(해탈)은 성취할 수 없다.

* * *

If you recognize its nature, whatever it is,
it will no longer harm you.
So this point is important, not only in the ultimate attainment of buddhahood, but also in the immediate or short-term ability to live happily.

만일 그것의 본성(공성)을 인식하면, 그것이 뭐든지,
그것은 더 이상 너를 해치지 못한다.
그러므로 이 점이 중요하다, 궁극적으로 붓다가 되는 데뿐만 아니라 당장이나 단기적으로 행복하게 살 수 있는 데에도.

* * *

Rather than striving to eliminate them,
a practitioner on the Tantric path seeks to remove the attendant suffering by learning

to observe each emotion as it arises and to refrain from adding conceptual overlay. Regardless of how agonizing an emotion may be, it is possible to achieve clarity in its midst, pinpoint the attachment that is causing the pain, and deconstruct the illusions fueling the attachment.

애써서 그들을 제거하지 않고, 딴뜨라 수행자는 수반하는 고통을 제거하려고 한다, 각각의 감정이 일어날 때, 관찰하여, 개념적으로 추가적으로 접근하지 않는다. 얼마나 어떤 감정이 괴롭든지 상관없이, 분명하게 그 고통을 주는 탐착을 지적하여 거기에 (그 탐착에) 기름을 붓는 헛된 생각들을 해체한다.

For one who successfully practices this art, the emotion, formerly viewed as solid and unavoidably painful, dissolves into a luminous dance of energy. This process leads beyond such superficial and trivially distracting emotions as resentment, boredom, sadness, loneliness, impatience, guilt, and shame to the primal passions blazing at the core of the psyche, such as anger,

표현 to dissolve into (~) 녹아 ~ 속으로 들어가다.
to lead beyond 인도해 ~을 초월하다

이 기술을 성공적으로 이용하는 사람에게, 그 감정은 전에는 견고하게 보여서 피할 수 없이 고통스러웠으나, 지금은 찬란한 에너지의 춤으로 [찬란한 깨달음의 빛 속으로] 사라진다. 이 과정은 그런 피상적이고 하찮게 딴 곳으로 관심을 돌리는 분개, 지루함, 슬픔, 고독, 안달, 죄의식과 수치스러움을 넘어 심리의 핵심에 불타는 분노 같은 일차적인 감정으로 가져온다.

If mind absorbs in reality, that is blissful, but one who talks unbearably of concepts disturbs it! - *Dampa*

(표현) to absorb in ~ 에 몰입하다. is blissful ↔ is disturbing

마음이 실재(공성)에 몰입하면, 그것은 안락하다, 그러나 견딜 수 없이 개념에 대해 얘기하면, 그것은 불안하다.

(주의) **1)** 여기 실재(reality)가 가리키는 것은 본래의 진실, 성품, 본성(공성)이다. 마음은 본성에 몰입해 있을 때 가장 편안하고, 거기에서 벗어나면 불안하다. 거기가 고향이니까.

2) 개념은 이원적, 분열적인 것이므로 본성이 제공하는 통합적인 안락을 줄 수 없다.

166 무지의 고통에서 벗어나기 위한 매우 중요한 분석명상

Negativity - ignorance, anger, attachment,
jealousy, doubt - is an artificial use of the mind.

마음의 부정적인 상태 - 무지(痴), 성냄(瞋), 탐욕(貪),
질투(嫉), 의혹(疑) - 등은 (본성이 아닌) 조작된
마음이다.

Anger is just a fabrication of our minds.
Anger and hatred are the product of dislike,
which is simply the creation of our imagination.

분노는 단지 우리들의 마음이 조작한 것이다.
분노와 증오는 싫어함의 산물이고,
이것은 단지 우리들의 상상이 만든 것일 뿐이다.

External phenomena and mental experiences
Are all fabrications of mind.
Nothing exists independently of mind. - *The Samputa Tantra*

외적인 현상(법)과 정신적인 경험들은
모두 마음이 조작한 것들이다.
아무것도 마음으로부터 독립적으로 존재하지
않는다. [심외무물] - 쌈뿌따 딴뜨라

167 출리심[출발점] → 번뇌행 감소 → 무위 → 붓다

If authentic renunciation arises, compulsive activities will be few; if activities are few, the significance of non-action will be near. When non-action is realized, it is the true nature (of all phenomena). There is no other buddha outside of that. - *Jamgon Kongtrul*

진정한 출리심(해탈하려는 결심)이 일어나면 [번뇌의 지배로] 어쩔 수 없어서 하는 행동이 적어지고, 그런 행동이 적어지면, 무위(無爲초월적인 행위)의 의미가 가까워질 것이다. 무위를 깨달으면, 그게 모든 법의 참된 성품(공성)이다. 이 밖에 다른 붓다가 있는 게 아니다. - 잠괸 꽁뚤

* * *

Nonmeditation is the exhaustion of effort. - *Jamgon Kongtrul*

무-명상(무수습)은 (명상하려고) 애쓰는 것의 소진이다. - 잠괸 꽁뚤

이것은 의도적인 노력을 벗어난, 자연발생적인 명상(수습) non-meditation이다. 달리 말하면, '함이 없는(無爲무위의) 명상이다.

수월 스님의 고백

1 마음 모으기 수행

하나둘을 세던지, 주문을 외든지 워쩌튼 마음만 모으면 그만인 겨. 나는 순전히 '천수대비주'로 달통한 사람이여. 꼭 '천수대비주'가 아니더라도 '옴 마니 반메 훔'을 혀서라도 마음 모으기를, 워쩌깨나 아무리 생각을 안 하려고 혀도 안 할 수 없을 맨큼 혀야 되는 겨."

1915년경에는 러시아 국경 부근 만주의 '수분하'라는 곳까지 갔다. 거기서 수월 스님이 대도인인 줄 모르는 한 젊은 주지 밑에서 모진 대우를 받았으나, 역시 아무 내색 없이 묵묵히 일하고, 짚신을 삼고, 주먹밥을 만들어서, 동포들에게 나누어 주었다. 수월 스님은 그 젊은 주지의 고약한 행패를 스승 삼았노라고 말했다.

2 마음 비우기, 참기 수행

"열심히 수행혀라. 공부하는 데는 다 쓸데없다. 오직 이 마음 하나 비우면 그만인 겨. 세상에서 마음 비우는 일 보담 더 어려운 게 없어. 또 참는 일 보담 더 어려운 일도 없어.....그때 나는 내 도를 다 이루기 위해 여섯 해 동안 어떤 젊은 스님 밑에 있었던 겨. 그 젊은 스님이 내게 무신 행패를 부리고 무신 욕지거리를 퍼부어도 나는 한 순간도 성내는 마음이 일지 않았어. 나는 그런 내 보림(保任, 깨달음 이후의 수행) 생활이 참으로 기쁘고 즐거웠던 겨. 그러니 그 젊은 스님은 내게 더없이 소중한 스승이었단 말여. 나는 그 사람 때문에 보림을 이룬 셈이여."